U0524748

此智库报告系 2022 年 7 月 4 日举办的"全球发展：共同使命与行动价值"智库媒体高端论坛成果

GLOBAL DEVELOPMENT INITIATIVE

A People-Centered Initiative to Promote the 2030 Agenda

全球发展倡议

以人民为中心
推动落实2030年议程

王 镭 主编

中国社会科学出版社

图书在版编目（CIP）数据

全球发展倡议：以人民为中心推动落实2030年议程/王镭主编．—北京：中国社会科学出版社，2023.6

ISBN 978-7-5227-1251-2

Ⅰ.①全…　Ⅱ.①王…　Ⅲ.①世界经济—经济发展—研究　Ⅳ.①F113

中国国家版本馆CIP数据核字（2023）第021068号

出 版 人	赵剑英
责任编辑	喻　苗
责任校对	郝阳洋
责任印制	王　超

出　　版	中国社会科学出版社
社　　址	北京鼓楼西大街甲158号
邮　　编	100720
网　　址	http://www.csspw.cn
发 行 部	010-84083685
门 市 部	010-84029450
经　　销	新华书店及其他书店
印　　刷	北京明恒达印务有限公司
装　　订	廊坊市广阳区广增装订厂
版　　次	2023年6月第1版
印　　次	2023年6月第1次印刷
开　　本	710×1000　1/16
印　　张	14.5
字　　数	165千字
定　　价	95.00元

凡购买中国社会科学出版社图书，如有质量问题请与本社营销中心联系调换
电话：010-84083683
版权所有　侵权必究

主　　编：王　镭

副 主 编：廖　凡　刘泉平

编　　委（按姓氏笔画排序）：

　　　　　王永洁　王　镭　刘泉平

　　　　　吴　希　李逸凡　李　斌

　　　　　赵芳雪　徐　琼　廖　凡

《全球发展倡议:以人民为中心推动落实 2030 年议程》智库报告概要*

发展是人类社会的永恒追求。落实联合国 2030 年可持续发展议程是当今国际发展合作的核心任务。当前,世纪疫情和百年变局叠加共振,国际发展事业面临十字路口。2021 年 9 月,习近平主席在出席第 76 届联合国大会一般性辩论时提出以"加快落实 2030 年可持续发展议程,推动实现更加强劲、绿色、健康的全球发展"为主题的全球发展倡议。其宗旨在于推动各国合力应对挑战,促进疫后复苏,携手抓住机遇,为实现共同可持续发展、构建全球发展共同体开辟光明前景。全球发展倡议主张人与自然和谐共生、创新驱动、推动全球发展伙伴关系等,涉及合作领域包括减贫、粮食安全、抗疫和疫苗、发展筹资、气候变化和绿色发展、工业化、数字经济以及互联互通等。以人民为中心是全球发展倡议体现的核心理念,实施全球发展倡议最终目的在于在实现共同发展中增进各国人民的福祉。"全球发展倡议"顺应和平与发展的时代潮流,符合国际社会推进发

---

* 执笔人:王永洁,中国社会科学院国际合作局推广传播处副处长。

展进程的殷切期盼，为全球发展提供了新思想、新方略，贡献了中国智慧、中国方案。

中国社会科学院约请国内外知名学者和国际发展合作专家围绕经济复苏与增长动能、减贫与包容发展、科技创新与可持续发展、全球发展伙伴关系与合作共赢四方面议题，分享对习近平主席提出的"全球发展倡议"的理解，交流各方落实联合国2030年可持续发展议程经验，探讨合作推进全球发展事业的路径，为迈向更加强劲、绿色、健康的全球发展提供智力支持。

一 经济复苏与增长动能

在全球疫情延宕反复背景下，中国圆满完成脱贫攻坚的艰巨任务，实现全面建成小康社会，并实现了"十四五"规划的良好开局，为全球经济复苏和国际发展事业注入着信心和动能。中国社会科学院经济研究所研究员裴长洪认为，在应对风险挑战的实践中，支撑中国经济复苏和未来发展的新动能正在形成。2021年中国经济呈现十大亮点：全年粮食总产量达到1.37万亿斤，再创历史新高；新产业新业态茁壮成长；对外经济贸易超常规增长；双向直接投资增长，共建"一带一路"继续发展；对外开放平台建设稳步推进，参与全球经济治理迈出新步伐；国家战略科技力量继续壮大，产业链供应链自主可控能力持续增加；营商环境持续改善，市场主体活力进一步激发；就业优先政策效果显著，促进共同富裕取得新进展；多层次社会保障体系不断健全；推进全面绿色转型，生态文明建设迈出新步伐。与此同时，中国经济面临需求收缩、供给冲击、预期转弱三重压力。中国经济在抗疫中"稳中求进",坚持一切从实际出发的指导思想,中国积极建构"以国内大循环为主体、国内国际双循环相互促进的新发展格局",把握经济运行内在规律,做好周期调节及预期管理;坚持以人民为中心的发展,促进全体人民逐步走向共同富裕,并为世界经济可持续发展提供重要支撑。

当今,发展中国家面临严峻的疫情和发展挑战,迫切需要加强国家间合作,寻求破解发展难题。中国社会科学院亚太与全球战略研究院研究员钟飞腾认为,发展中国家的经济增长转弱、贫富差距扩大、社会安全隐忧加大,这一背景下,中国提出的"全球发展倡议"呼吁国际社会关注发展中国家面临的困境,寻求以人民为中心的可持续发展。2022年1月1日正式生效的《区域全面经济伙伴关系协定》(RCEP)对落实"全球发展倡议"具有重大促进作用。RCEP创新集中体现于两方面:一是体现自由贸易协定的亚洲特色,有助于扩大地区内贸易,加大力度向世界提供医疗产品和服务,应对疫情,推动经济复苏;二是基于价值链贸易提出的原产地累积规则,不仅有助于改善中低收入国家的经济结构,而且使他们更好地融入地区价值链,创造更多的就业。区域内成员国高度评价RCEP;世界银行等国际组织的评估表明,中小国家将通过RCEP获得更快的增长。

墨西哥学院亚非研究中心教授、研究员玛丽塞拉·康奈利认为,当今世界面临气候变化、可持续能源供应、医疗体系升级、水资源匮乏及农业用水短缺等问题,要构建一个更加平衡、更可持续的世界,技术创新是不可或缺的途径。中国政府和中国人民在可持续发展和技术创新方面,开展了一系列重要实践,实现了能够促进可持续发展的技术创新,正在逐步解决气候变化、环境污染、社会不平等现象和贫困带来的难题。中国的经济发展是世界上最具独创性的典范。中国努力发展工业，广泛引进先进技术，在技术发展和创新方面，中国都取得了进展，包括交通、空间技术和电信等领域，几乎所有高科技产业都有中国的身影。中国经济正在逐渐转向以创新为基础，中国逐渐成为各领域研发的引领者，并逐渐成为技术标准的制定者。中国人民不懈努力向目标迈进，紧跟国家战略，且意识到了生态、经济和社会问题的紧迫性，通过政府政策、国际合作、借鉴他国经验、产学研结合等破解问题，中国的发展案例和实践有重要的研究价值和借鉴意义。

二 减贫与包容发展

2021年2月，中国国家主席习近平庄严宣告：中国脱贫攻坚战取得了全面胜利。中国消除绝对贫困是对全球减贫事业的伟大贡献，中国的脱贫实践具有重要的全球分享价值。世界各国在寻求减贫与包容发展之路，减贫和包容发展也成为当前全球治理的关键议题。

中国社会科学院农村发展研究所研究员檀学文认为，经济增长并非消除贫困的充分条件；尤其是最后阶段的绝对贫困具有特殊顽固性，中国连续实施了超常规的"脱贫攻坚战"才取得了已有的脱贫成果。中国在利用包容性增长机会、不断完善反贫困方略方面都具有独特的经验可资借鉴，可归纳为七方面：以推动持续、包容的经济增长为主导性减贫途径；政府承担消除贫困的最终责任并将其纳入经济社会发展总体战略；坚持实行专项反贫困行动；坚持扶贫创新和逐步调整扶贫战略；坚持提高贫困地区和贫困人口的自我发展能力；适时开展精准扶贫和扶贫攻坚战；实行政府主导下的国际合作与全社会参与。中国减贫经验与世界银行提炼的2030年消除世界贫困的"三支柱"战略有较高吻合度，并更突出了发展减贫思想。"专项反贫困行动"应成为发展中国家反贫困的第四支柱。檀学文提出在自主发展、多边合作框架下消除贫困的国际合作新思路，包括五方面原则：发展中国家自主；发展与减贫合作一体化；以合作带动援助；以多边国际组织为主要中介；改善国际减贫合作治理。未来需要整合中国国际减贫合作力量；瞄准消除贫困需求，提升减贫援助资源配置；统筹对外减贫合作机制，重点加强与多边机构的三方合作；以三边合作促进多边减贫合作能力建设；鼓励中国社会组织充分参与对外减贫合作。

塞拉利昂马可尼大学中非研究院院长阿尔法·穆罕默德·贾洛认为，减贫是一个历史性难题，也是一个世界性难题，为消除贫困，非洲正在重新思考非洲发展模式，塞拉利昂也处于消除极端贫困的十字路口。阿尔法·穆罕默德·贾洛提出，中国以自身实践创造了减贫治理的中国样板，如果我们能够借鉴学习中国的经验，这将极大地帮助我们制定有助于消除贫困的项目。一是加强反腐败力度，打击公共和商业部门的腐败行为，并且将腐败视作对国家安全的威胁。二是扩大优质基础教育和培训，让更多人，特别是孩童接受基础教育，提升基础教育质量和师资水平，推动高等教育发展以及专业科目的技术和职业技能教育，从而满足减贫项目的人力资源需求。三是促进公路网络升级和提高农业现代化水平。四是提高能源和电力供应能力。联合国前任秘书长潘基文曾表示，塞拉利昂是在冲突后恢复、维持和平和建设和平最成功的典范之一，值得很多国家学习。但塞拉利昂也面临消除极端贫困的严峻挑战；基础设施、电力系统、水供应以及信息与通信技术落后；文盲率依然很高等一系列问题。阿尔法·穆罕默德·贾洛推荐两本中国的书籍，一是1992年7月出版的《摆脱贫困》一书，这本书汇集了习近平主席在中国福建宁德地区工作期间的重要讲话、文章；另一本是由中国商务部国际贸易经济合作研究院发布的《中国经验贡献全球农业发展和农村减贫研究工作报告》。在《摆脱贫困》一书中，习近平主席提出了关于减贫的很多重要观点和看法，包括"弱鸟先飞""滴水穿石""四下基层"等重要理念，为通过实施可持续的项目帮助人民摆脱贫困提供了指引。

三 科技创新与可持续发展

第四次工业革命背景下，科技创新尤其是数字技术的发展，为经济社会发展带来了新红利，成为实现发展的重要驱动力。学界呼吁国际社会关注创新、数字化等议题，围绕科技创新、数字经济发展，加强相应的合作，凝聚更多的合作共识，为可持续发展注入新动力。

中国社会科学院数量经济与技术经济研究所研究员蔡跃洲和助理研究员陈楠认为，数字经济代表了世界新一轮科技革命和产业变革的主流方向。在过去10多年里，中国凭借人口数量和超大规模市场优势，以平台经济和消费互联网为主要突破口，实现了数字经济的超高速发展，也为中国经济的可持续发展提供了强劲动力。中国数字经济的运行实践也充分显示，数字经济拓展了全球可持续发展的潜力。2008年金融危机后，各国普遍面临发展动力不足困境，2020年的新冠疫情，更是对各国经济特别是发展中国家的可持续发展带来巨大冲击。数字技术赋能实体经济，有助于提高经济社会运行效率，数字技术相关产业有望成长为新的主导产业，从而为经济可持续发展提供新的动力源泉。然而，数字经济支撑全球可持续发展也面临相应挑战，包括国与国之间的数字鸿沟；技术脱钩及产业链断裂风险；国际数据治理及跨境流动博弈等方面的挑战。国际社会应就"合作共赢加速数字经济发展"形成共识，切实发挥数字经济对全球经济可持续发展的支撑作用；发展数字经济，推动数字技术与实体经济深度融合；加强数字基础设施领域的合作；加强数字经济领域的产业和技术合作交流，加快推动数字技术进步和商业化应用；建立数据治理和跨境流动国际协调合作机制，为数据要素实现安全、有序、充分的跨境流动营造更为宽松的国际环境。

中国社会科学院生态文明研究所研究员陈迎认为，"全球发展倡议"响应了当前国际社会特别是广大发展中国家的共同期待，体现了中国关于全球未来发展的战略远见，为世界各国携手合作、共克时艰注入了信心和正能量，为全球共同发展指明了方向，该倡议遵循务实合作的行动指南，把握全球发展脉搏和迫切需求，是中国为国际社会提供的重要公共产品和合作平台。气候变化严重威胁自然生态系统和人类可持续发展，推动实现更加强劲、绿色、健康的全球发展，不仅是应对气候变化的根本之道，也是破解全球可持续发展多重危机的"金钥匙"。

应对气候变化刻不容缓，需要加速全球绿色发展转型。中国提出碳达峰、碳中和目标，简称"双碳"目标，是经过深思熟虑做出的重大战略决策。实现"双碳"目标面临严峻的挑战，也蕴含重大的发展机遇。实现"双碳"目标时间紧、任务重；改变以煤炭为主的能源结构挑战巨大；优化产业结构、促进工业绿色低碳转型和出口产业升级挑战巨大。实现"双碳"目标也存在重大发展机遇，是自身可持续发展的内在需求，也是经济高质量发展和增强国际竞争力的必由之路。社会公众的"双碳"意识在不断增强，"绿色低碳"理念日益深入人心。中国以"双碳"目标推动绿色低碳发展转型的主要举措，包括建设全球最大的绿色低碳能源体系、节能降碳严格控制煤炭消费、优化产业结构、增强生态系统固碳增汇能力。"全球发展倡议"为加强国际气候治理与合作提供了重要平台，为应对气候变化与推进全球发展相结合开辟了国际合作新前景。

南非国家人文社会科学院首席执行官萨拉·莫索塔和南非国家人文社会科学院研究员巴巴尔瓦·西斯瓦纳指出，发展是各国的共同愿望，发展中国家尤其期盼发展。然而，在新冠疫情的持续影响下，经济与社会活动的恢复一直都不均衡，贫困国家面临着诸多挑战，疫情也正在破坏多年来在医疗、教育和扶贫方面所取得的进展。整个世界倍受全球发展问题困扰之际，中国国家主席习近平在第76届联合国大会上提出了"全球发展倡议"，提议加快落实《2030年可持续发展议程》，以实现更加强劲、绿色、健康的全球发展。"全球发展倡议"是应对发展中国家所面临的发展挑战的中国方案，向全世界开放，欢迎所有国家的参与。自2021年9月"全球发展倡议"提出以来，包括联合国在内的100多个国家及国际组织都对该倡议表示了支持。2022年1月在"全球发展倡议之友小组"会议上，联合国秘书长安东尼奥·古特雷斯、常务副秘书长阿米娜·穆罕默德，高度评价"全球发展倡议"对于促进实现全球平衡、可持续发展的重大意义。"全球发展倡议"提出，坚持发展优先，旨在满足发展中国家的独特需求，考虑到全球发展面临的新机遇与严峻挑战；"全球发展倡议"追求以人为本的发展，以增进人民福祉、实现人的全面发展为出发点和最终目标，努力满足各国人民对更美好生活的渴望。"全球发展倡议"力求发展保护和促进人权，特别是包括妇女、儿童和其他弱势群体在内的所有人的生存权和发展权，并为国际人权事业做出贡献。此外，"全球发展倡议"力求促进实现惠及所有人的包容性发展，重点解决国家之间和国家内部发展不平衡和发展不足的问题。该倡议关注发展中国家，特别是最不发达国家、小岛屿发展中国家和内陆发展中国家面临的特殊发展困难。"全球发展倡议"与《2030年可持续发展议程》的目标一致，呼吁加强全球发展合作伙伴关系，支持联合国在落实2030年议程方面发挥全面协调作用，并推动多边发展合作进程，进而助力实现可持续发展目标。全球发展倡议是中国坚定支持多边主义和2030年议程的具体表现。

四　全球发展伙伴关系与合作共赢

当今世界正经历百年未有之大变局，国际形势继续发生深刻复杂变化，大国博弈、世纪疫情、地缘政治变动等各类因素相互交织，世界进入新的动荡变革期。中国社会科学院世界经济与政治研究所研究员任琳认为，当前的百年变局具体表现在以下方面：一是技术进步增长动能受限，世界经济面临衰退风险；二是发展赤字加剧，应对全球问题所需的全球公共产品空前短缺，疫情进一步加剧了世界发展赤字，欠发达国家和地区的新增贫困尤为凸显；三是全球治理秩序呈现出停滞、瓦解与重构的突出特点，单边主义抬头致使多边主义受挫。新的世情呼唤新的理论，"全球发展倡议"明确了发展是解决一切问题的关键，系统回答了在新的世情下为什么发展、为谁发展和如何发展的重大问题。发展是世界各国最大的公约数，中国的全球治理观抓住了发展这把总钥匙，"全球发展倡议"的提出表明，中国愿为世界各国提供可资参考的发展思路，与世界共商共创共享发展机遇。人民性和实践性是"全球发展倡议"的本质属性。"全球发展倡议"提出后，得到不少国家和国际组织积极响应，认为倡议的落实将是国际社会加快落实"联合国2030年可持续发展议程"的关键所在。"全球发展倡议"进一步把全球治理的中国方案聚焦在发展议题，呼吁国际社会将发展置于全球经济治理和宏观经济政策协调框架的突出位置，向发展中和欠发达国家及地区提供更有力、更具针对性的智力支持和政策倾斜，为加快落实"联合国2030年可持续发展议程"、促进国际发展合作和全球治理事业的蓬勃发展指明了方向。同时，"全球发展倡议"坚持行动导向，它的提出和落地充分显示出，中国是全球发展治理的坚定践行者和重要贡献者。中国致力于推动全球治理体系改革，秉持"守正创新"的指导思想：守正指的是，全球治理体系改革要坚持公平正义，倾听各方声音、兼顾各方利益，始终不渝地坚持全人类共同价值；创新指的是，全球治理体系改革要与时俱进，直面新问题新挑战，敢于创新治理方式与实现路径。"全球发展倡议"是中国为国际社会创建的开放合作新平台，为从根源上治理各类全球问题提供了中国方案。

内罗毕南南对话智库首席研究员斯蒂芬·恩代格瓦·姆旺吉和南南对话智库高级研究员西蒙·姆瓦乌拉·穆尼奥认为，包容性是全球发展的根本。包容性意味着任何国家都不会因为自身现状，而处于不利地位或被排除在外；另一方面，不同的个体、组织、政府和社会团体都为重大发展贡献了力量，但针对当今世界面临的问题，仅依靠个人和单个政府的力量已经无法寻找到可行的解决方案。中国提出的"全球发展倡议"，主张建立全球发展伙伴关系，推动多边发展合作协同增效。其核心概念和原则，整合了社会、经济和环境这三个可持续发展的维度，并力图实现三者之间的平衡。"全球发展倡议"同《联合国2030年可持续发展议程》高度契合，是为了推动实现更加强劲、绿色、健康的全球发展。可持续发展目标的第17项，即"加强执行手段，重振可持续发展全球伙伴关系"，主张通过各国通力合作，建设世界经济，提升自由互联的全球发展环境。"全球发展倡议"有利于各国就发展问题相互协商，制定有利于彼此发展的计划。中国政府推动全球发展、促进合作共赢的重要举措是广受欢迎的"一带一路"倡议，该倡议旨在以发展基础设施为支柱，推动经济增长。中国也一直是南南合作最重要的执行者和合作伙伴。为推动和协调南南合作，中国于2016年成立了南南合作与发展学院（ISSCAD），于2017年设立了南南合作援助基金（SSCAF），于2018年组建了国家国际发展合作署（CIDCA）。斯蒂芬·恩代格瓦·姆旺吉和西蒙·姆瓦乌拉·穆尼奥提出，为了成功打造全球发展伙伴关系，首先需要建立公共的分享平台，可以是国家层面的、整体实现可持续发展目标层面的，或者围绕某一特定目标层面的。其次，应当找到一种共同语言，更好地了解其他合作形式，这对于各方取得共识至关重要。再次，需要构建更深入的知识分享平台（卓越中心），设立一个各国可以互相学习的平台。第四，要将其他平台也纳入联合国的主流工作。最后，强有力的政治承诺将催生更积极的发展项目，亦即更有效的宣传是促进发展地方和全球伙伴关系的关键。

中国社会科学院欧洲研究所研究员张敏认为，当今世界百年变局叠加疫情，世界各国的社会经济发展挑战日益凸显，发展议题成为各国面对的重大现实问题。习近平主席提出的"全球发展倡议"，成为破解世界发展难题、推动构建全球发展伙伴关系的重要引领。中欧合作是推动世界发展的重要力量，中欧合作的活力与韧性有利于促进世界经济的稳定增长，尤其是，中欧双边贸易保持增长势头，成为世界经济的"稳定器"和"增长锚"。《中欧全面投资协定》尽管仍在搁置中，中欧相互投资呈现增长势头。"一带一路"倡议下，中欧互联互通取得成效，中欧班列为中欧经贸和双向投资提供运输保障。绿色数字伙伴关系也正在成为中欧合作的新亮点和新引擎。"全球发展倡议"为中欧关系稳定发展提供新思路，基于这一倡议，中欧可以在多个层面构建发展伙伴关系，不断夯实中欧务实合作：通过构建中欧文明发展伙伴关系，互学互鉴，普惠包容；坚持联合国宪章原则，构建中欧全球治理关系；与中国"双循环"新发展格局相对接，探索中欧两大市场合作共赢新模式；构建中欧全面创新合作伙伴关系，落实创新发展理念；构建中欧战略深度对接关系，从而有效落实"全球发展倡议"的核心要义。

联合国南南合作办公室前代主任爱迪尔·阿卜杜拉提夫指出，中国在发展和现代化建设上取得了显著成果，尤其是在消除绝对贫困、工业化与就业、教育、创新和数字化等方面。中国也走出了一条成功可借鉴且具有中国特色的发展道路，积累了诸多有益知识与经验。中国在脱贫和可持续发展方面取得重大成就的同时，也担负起越来越多的国际责任，并积极践行其国际倡议。2021年9月，中国提出"全球发展倡议"，优先重视发展。同时，中国作为全球南方国家中的一员，大力支持南南合作。中国的发展取得了怎样的成绩以及如何做到的，是思考中国发展成就世界意义的两个关键方面。知识和经验分享在国际发展中发挥着重要作用，在发展领域的知识和经验分享中，中国智库也发挥着特殊作用。多方和多形式的参与共同促进全球可持续发展目标的实现。

目 录

第一编 经济复苏与增长动能

◆中国经济：全球发展重要引擎 …………………… 裴长洪（3）
◆可持续发展和技术创新：中国的
　成功道路 ……………［墨西哥］玛丽塞拉·康奈利（20）
◆区域全面经济伙伴关系协定：助力落实全球
　发展倡议 …………………………………… 钟飞腾（36）

第二编 减贫与包容发展

◆面向消除全球贫困目标　强化中国国际
　减贫合作 …………………………………… 檀学文（59）
◆减贫与包容
　发展 …………［塞拉利昂］阿尔法·穆罕默德·贾洛（80）
◆资源禀赋改善与消除绝对贫困：
　以中国为例 ……………………… 邓曲恒　孙婧芳（88）

第三编　科技创新与可持续发展

◆数字经济支撑全球可持续发展：机遇、
　挑战与建议……………………………蔡跃洲　陈　楠（109）
◆全球发展倡议与南非落实2030年可持续发展议程之路：
　技术创新与可持续发展
　………［南非］萨拉·莫索塔　巴巴尔瓦·西斯瓦纳（128）
◆中国落实"双碳"目标与推动落实全球发展
　倡议………………………………………………陈　迎（142）

第四编　全球发展伙伴关系与合作共赢

◆中国发展的世界意义
　………………………………爱迪尔·阿卜杜拉提夫（159）
◆全球合作谋发展：全球治理的中国方案………任　琳（165）
◆中欧构建全球发展伙伴关系前景展望…………张　敏（179）
◆全球发展伙伴关系与合作共赢
　…………［肯尼亚］斯蒂芬·恩代格瓦·姆旺吉
　………………………西蒙·姆瓦乌拉·穆尼奥（193）

第一编

经济复苏与增长动能

中国经济：全球发展重要引擎

裴长洪[*]

摘　要：为了落实"全球发展倡议"，中国希望与世界各国合力应对挑战，促进疫后复苏，携手抓住机遇，为实现共同可持续发展，构建全球发展共同体的光明前景而努力。2020年和2021年在新冠疫情肆虐全球的环境下，中国圆满完成脱贫攻坚的艰巨任务，实现全面建成小康社会，并实现"十四五"规划的良好开局。中国经济发展和疫情防控保持全球领先地位，2021年中国国内生产总值增长8.1%，与2020年累计计算，两年平均增长5.2%。2021年经济总量114.37万亿元，人均国内生产总值预计超过1.2万美元。2022年中国经济工作总基调仍然是稳中求进，全国人民正在为此而努力并充满信心。中国经济发展秉持是以人民为中心，将采取一系列政策措施保持经济稳定增长，促进并带领全体人民逐步走向共同富裕，并将为世界经济复苏和全球发展进程提供强劲支撑。

关键词：中国经济；经济新动能；中国经验；全球发展

---

[*] 裴长洪，第十三届全国政协委员，中国社会科学院经济研究所原所长、研究员。

习近平总书记提出的"全球发展倡议"鲜明指出，要加快落实2030年可持续发展议程，推动实现更加强劲、绿色、健康的全球发展，强调和平与发展仍是时代主题，各国人民热切期盼通过可持续发展实现对美好生活的向往。当前，新工业革命浪潮方兴未艾，数字经济、绿色发展和疫情催生的新业态、新模式为发展中国家跨越式发展带来新机遇。与此同时，新冠疫情延宕反复，2030年议程全球落实面临严峻挑战。在此背景下，世界各国应合力应对挑战，促进疫后复苏，携手抓住机遇，为实现共同可持续发展，构建全球发展共同体开辟光明前景。

2020年和2021年在新冠疫情肆虐全球环境下，中国圆满完成脱贫攻坚的艰巨任务，实现全面建成小康社会，并实现"十四五"规划的良好开局。中国经济发展和疫情防控保持全球领先地位，国家战略科技力量加快壮大，产业链韧性得到提升，改革开放向纵深推进，民生保障有力有效，生态文明建设持续推进。中国经济稳中求进，新动能显著增强，正迈向高质量发展新阶段，为全球经济复苏和国际发展事业持续注入着信心和动能。

一　中国经济在抗疫中稳中求进

2021年中国国内生产总值增长8.1%，与2020年累计计算，两年平均增长5.2%。2021年中国经济总量114.37万亿元，人均国内生产总值预计超过1.2万美元，接近世界银行所设定的高收入国家的门槛，是世界经济恢复发展的主要贡献国。居民消费价格指数上涨0.9%，城镇新增就业超过1269万人，全国城镇调查失业率平均为5.1%，国际收支保持基本平衡，2021年末外汇储备规模保持在3.2万亿美元以上。国际货币基金组织预测，2021年中国经济总量占世界经济比重达到18%左右。

2021年中国经济呈现十大亮点：第一，全年粮食总产量达到1.37万亿斤，比2020年增产267亿斤，再创历史新高。现代农业基础持续夯实，新建高标准农田1.05亿亩。乡村建设有序推进，现有行政村全面实现村村通宽带，农村自来水普及率达到84%。

第二，新产业新业态茁壮成长。高技术制造业增加值和高技术产业投资分别增长18.2%和17.1%，快于规模以上工业增加值8.6个百分点；智能、低碳、高附加值的新产品快速发展，新能源汽车、工业机器人、太阳能电池产量同比分别增长164.0%、51.9%、50.9%。新一代信息技术加速向网络购物、移动支付、线上线下融合等新型消费领域渗透，新业态新模式持续活跃。国产商用飞机持续创新发展，北斗产业化应用不断深化，国家民用空间基础设施建设加快推进，数字经济健康发展。制造业增加值占国内生产总值的比重达到27.4%，比2020年提高1.1个百分点，带动制造业固定资产投资增速达到13.5%。

第三，对外经济贸易超常规增长。2021年，中国货物出口总值3.36万亿美元，进口总值2.69万亿美元，进出口总值累计达到了6.05万亿美元，贸易顺差6700亿美元。中国的进出口总值在2013年首次达到4万亿美元的8年后，2021年年内跨过5万亿美元、6万亿美元两大台阶，一年的外贸增量达到了1.4万亿美元，相当于2005年全年的规模，是过去10年增量的总和。

第四，双向直接投资增长，共建"一带一路"继续发展。2021年实际使用外商直接投资金额1735亿美元，增长20.2%；对外非金融类直接投资额1136亿美元，增长3.2%。截至2021年年底，中国已与145个国家、32个国际组织签署200多份共建"一带一路"合作文件。共建"一带一路"的一批重大标志性项目取得积极进展。中老铁路建成通车，中巴、中蒙俄、中国—中南半岛等经济走廊以及雅万高铁、匈塞铁路等重点项目推进，比雷埃夫斯港第二阶段股权顺利交割。中欧班列开行1.5万列，运送货物146万标准箱，分别增长22%和29%，重箱率98.1%，累计通达欧洲23个国家的180个城市。

第五，对外开放平台建设稳步推进，参与全球经济治理迈出新步伐。《中华人民共和国海南自由贸易港法》以及《自由贸易试验区外商投资准入特别管理措施（负面清单）（2021年版）》《海南自由贸易港跨境服务贸易特别管理措施（负面清单）（2021年版）》颁布实施，对部分进口商品实施"零关税"政策。北京国家服务业扩大开放综合示范区新增4个服务业扩大开放综合试点。坚定维护以世界贸易组织（WTO）为核心的多边贸易体制，推动《区域全面经济伙伴关系协定》（RCEP）正式生效，申请加入《全面与进步跨太平洋伙伴关系协定》（CPTPP）、《数字经济伙伴关系协定》（DEPA）等。

第六，国家战略科技力量继续壮大，产业链供应链自主可控能力持续增加。推进科技创新2030—重大项目，"天问一号"

探测器成功着陆火星,"羲和号"探日卫星成功发射,空间站天和核心舱和天舟货运飞船完成对接,中国人首次进入自己的空间站,自主第三代核电机组"华龙一号"投入商业运行,"深海一号"深水大气田成功投产,白鹤滩水电站全球单机容量最大功率百万千瓦水轮首批机组投产发电,国家重大科技基础设施航空遥感系统投入使用。推进实施基础软件、工业母机、新能源汽车和智能汽车、能源绿色低碳转型发展等领域关键核心技术攻关。促进生物医药、高端仪器等重点领域产业链供应链安全稳定。

第七,营商环境持续改善,市场主体活力进一步激发。20多部涉产权法律法规立改废,5847件涉产权规章规范性文件被清理,进一步压减涉企审批手续和办理时限。民营企业进入油气进出口、铁路、核电等领域,首条民间资本控股的杭绍台高铁建成通车,总结8个地方72条支持民营企业改革发展的典型做法向全国推广。全年新设市场主体2887.2万户,全国市场主体总数超过1.5亿户,其中个体工商户1.03亿户,市场主体活跃度保持在70%左右。

第八,就业优先政策效果显著,促进共同富裕取得新进展。加强新就业形态劳动者权益保障,促进灵活就业健康发展,2021年创业带动就业示范行动带动就业约200万人。收入分配制度改革继续深化,完善初次分配政策,加大再分配调节力度,城乡居民收入稳步增长,全国居民人均可支配收入实际增长8.1%,与GDP增长同步。

第九,多层次社会保障体系不断健全。基本养老保险参保人数达10.29亿人,参保率超过91%,基本医疗保险覆盖13.6

亿人，参保率稳定在95%以上，城乡居民基本医疗保险参保居民政策范围内住院费用报销比例保持在70%，普通门诊费用跨省直接结算已经覆盖所有统筹地区，住院费用跨省直接结算率达到60%。

第十，推进全面绿色转型，生态文明建设迈出新步伐。全国新增水土流失治理面积6.2万平方千米，新增国土绿化面积超1亿亩。《中共中央 国务院关于完整准确全面贯彻新发展理念做好碳达峰碳中和工作的意见》和《2030年前碳达峰行动方案》发布。可再生能源发电专装机规模突破10亿千瓦，全国碳排放权交易市场启动上线交易，第一个履约周期纳入发电行业重点排放单位2162家。全国地级及以上城市空气质量优良天数比率达到87.5%，PM2.5浓度下降9.1%，地表水水质优良（Ⅰ—Ⅲ类）断面比例提高到84.9%，劣Ⅴ类水质断面比例降至1.2%。

但是，由于受新冠疫情影响，当前中国经济仍然面临需求收缩、供给冲击、预期转弱的三重压力，消费和投资增长势头减弱，供应链受阻，企业生产面临缺芯、缺柜、缺工等生产要素短缺问题。特别是进入2022年，疫情在一些大城市反复多发，不仅直接影响零售、旅游和交通行业，也通过产业链间接影响餐饮、住宿等行业经营，影响服务业生产恢复。2022年第一季度受疫情影响，中国经济增长速度比预期有所下降，与2021年同期相比只增长4.8%。由于能源原材料供应仍然偏紧，小微企业、个体工商户生产经营困难，稳就业任务更加艰巨。经济金融领域风险隐患较多。但中国经济具有强大的韧性，在以习近平同志为核心的党中央的坚强领导下，短期经济下行并不能改变长期向好的基本面。中国的发展从来都是在应对挑战中前进的，我们可以在挑战中孕育先机，在变局中开创新局。

二 支撑中国经济未来发展的新动能正在形成

统揽全球经济，习近平主席指出，国际金融危机打破了欧美发达经济体借贷消费、东亚地区提供高储蓄、廉价劳动力和产品，俄罗斯、中东、拉美等提供能源资源的全球经济大循环的格局，世界经济进入深度调整。① 2018年7月，习近平主席指出，未来10年，将是世界经济新旧动能转换的关键10年。② 2015年10月，习近平总书记指出，中国经济发展进入新常态，正经历新旧动能转化的阵痛，但中国经济稳定发展的基本面没有改变。③ 他认为新动能的技术基础是网络信息技术，我们要把握这一历史契机，以信息化培育新动能，用新动能推动新发展，要推动互联网和实体经济深度融合，加快传统产业数字化、智能化，做大做强数字经济，拓展经济发展新空间。④

---

① 中共中央文献研究室编：《习近平关于社会主义经济建设论述摘编》，中央文献出版社2017年版，第88、100页；习近平：《谋求持久发展 共筑亚太梦想——在亚太经合组织工商领导人峰会开幕式上的演讲》，《人民日报》2014年11月10日。

② 习近平：《顺应时代潮流 实现共同发展——在金砖国家工商论坛上发表主题演讲》，《人民日报》2018年7月26日。

③ 《奋力迈向中高端——党的十八大以来我国经济结构逐步优化升级的启示》，2016年2月1日，中华人民共和国中央人民政府网站，http://www.gov.cn/xinwen/2016-02/01/content_5038048.htm。

④ 中共中央党史和文献研究院编：《习近平关于网络强国论述摘编》，中央文献出版社2021年版，第132页。

（一）只有技术突破和实验室样品是不够的，新动能、新供给需要商品化、产业化，其实质是需要市场支撑，中国的超大规模市场是独有的优势

所谓新供给，即能够不断满足或者创造新需求的供给，可以是一种新的生产要素，如数据和以人工智能为代表的新一代信息通信技术；可以是一种新的商业模式，如以 Uber 和 Airbnb 为代表的商业模式；也可以是一种新的制度或者管理创新。创造新供给就是要生产出更好的产品和提供更好的服务。更好的产品和更好的服务往往以一定的技术突破为前提，而一定的技术突破仅为人们获得更好的产品和服务的愿望的实现提供了可能。关键技术突破只有完成从实验室样品到产业化再到商品化的两次"惊险跳跃"，才能转化成产品进入市场从而满足人们新需求。然而，从实验室样品到产业化并不是简单的成比例放大，往往要考虑产品生产过程中的成本控制、工艺参数调整、规模生产稳定性等问题。在由产品向商品转换过程中，顾客认知问题、价格策略问题以及商业推广模式等问题都很重要，但最重要的是市场支持度，中国超大规模市场优势是新技术产品实现商品化、产业化的最有利因素。

（二）当前中国的消费需求正在呼唤新供给

经过 30 多年的高速发展，中国中等收入群体规模呈现持续扩大趋势，据测算，2018 年已经超过 4 亿人。中国居民的消费能力不断提升且消费呈现出逐步升级的趋势。首先，消费由大众产品向高端产品升级。根据麦肯锡发布的报告①，50% 的中国

---

① 麦肯锡：《加速前行：中国消费者的现代化之路》，2016 年 3 月。

受访消费者追求最优品质和高档的产品。其次,由物质型消费向服务型消费转变。2013年中国居民的人均消费支出为13220.4元,到2018年增长至19853.1元,其中用于医疗保健、教育文化娱乐以及交通通信方面的消费所占的比重相应的从29.78%增加至33.18%,呈上升趋势(见图1)。中国服务消费的稳定增长在信息消费方面尤为突出,2018年中国信息消费规模约为5万亿元①,较之于2013年的2.2万亿元规模,增长速度显著。最后,消费由排浪式、同质化向个性化、多样化转变。在生存型需求得到较大程度满足后,中国居民消费更加注重能够满足其审美偏好、自身情感等方面的个性化、多元化需求,愿意对能满足其这方面需求的产品和服务支付溢价。例如,iPhone 6刚上市的时候,部分消费者愿意为配置相同且颜色为香槟金的手机支付更高的价格。伴随着消费升级,最终消费支出自2014年以来对GDP增长的贡献率已经连续6年超过投资,成为驱动经济增长的第一引擎。

纵然中国已经建立了门类最为齐全的工业体系,并且有200多种工业品产值居全球首位,但是庞大的供给体系仍停留在满足生存型、排浪式消费阶段,明显与消费需求不匹配。2019年中国网民规模达到8.54亿人,移动电话使用数量超过人口数量,中国消费者对网络产品的偏好居全球之冠,仅移动支付用户就突破7亿人,交易额突破250万亿元人民币,但网络产品供给与这种强烈的消费意愿明显不匹配。2018年,中国每千人拥有的执业医师人数仅2.16人,医生密度与发达国家相比还有

---

① 中国信息通信研究院:《中国信息消费发展态势及展望报告(2019年)》,2019年3月。

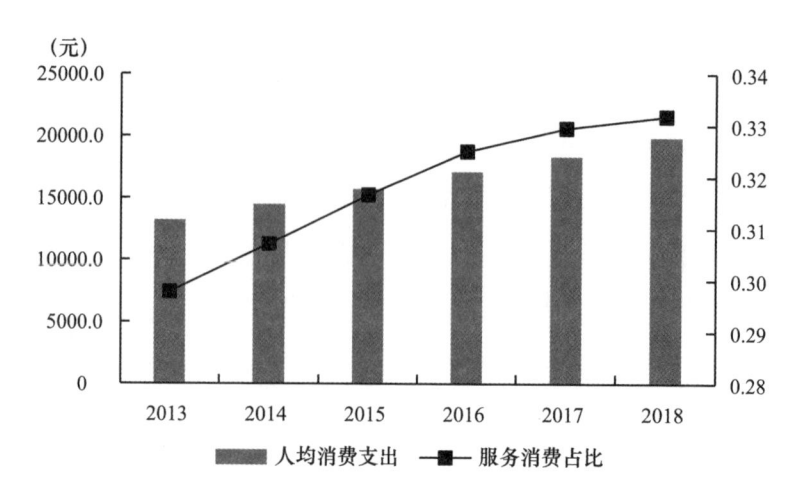

图 1 2013—2018 年人均消费支出和医疗保健、教育文化娱乐以及交通通信等服务消费占比

资料来源：《2018 年中国统计年鉴》。

差距，例如法国、澳大利亚和瑞士等国每千人拥有接近 4 名医生。2018 年中国专业公共卫生机构收到的财政补助收入约为 1243 亿元，不到医院的一半，且专业公共卫生机构获得财政补助在所有卫生机构中的比例近年来呈下降趋势。2005—2018 年，中国疾病预防控制中心的人员数量从 20.65 万人减少到 18.78 万人，平均每年减少 0.73%。医疗服务和卫生防疫、公共卫生安全的供给与实际需求明显不匹配；2018 年中国高中阶段教育（含职业高中和中专）的毛入学率为 88.8%，教育服务供给与人民的需求仍然不匹配；40 多年来中国大规模的投资建设形成了巨大的生产资源，2018 年仅私人小汽车保有量就突破 2 亿辆，而提高生产资源利用效率的供给与潜在需求明显不匹配；等等。所有的潜在消费需求和新的消费需求都在呼唤新的供给。

（三）中国数字经济已经位居世界第二

在 GICS 分类①的产业中，数字产业主要分布在信息技术、通信业务两个一级产业。在 GICS 分类标准下，在可统计、可比较的前提下，定义的四级数字产业共有 19 个。在确定的数字产业范畴内，截至 2021 年 12 月 31 日，全球共有 6811 家上市企业，分布在 91 个国家和地区。其中，企业数量超过 100 家的国家和地区有 15 个，前五名是中国大陆（1224 家）、日本（858 家）、中国台湾（849 家）、美国（714 家）、韩国（659 家），占全部上市企业数量的 63%。

全球数字产业总市值为 32.64 万亿美元，总营收为 9.51 万亿美元，总利润为 1.03 万亿美元。美国虽然在上市企业数量上排名第四，但是总市值为 18.32 万亿美元，占全球 56%；总营收为 3.48 万亿美元，占全球 37%；总利润为 5216 亿美元，占全球 51%；产业综合系数为 0.50，稳居全球第一，占半壁江山。中国的数字产业上市企业数量排名全球第一，占比为 18%；总市值为 5.04 万亿美元，占全球 15%；总营收为 1.8 万亿美元，占全球 19%；总利润为 1174 亿美元，占全球 11%；产业综合系数为 0.15，排名全球第二，不及美国的 1/3。日本的上市企业数量排名全球第二，总市值占全球 5%，总营收占全球 9%，总利润占全球 10%；产业综合系数为 0.0725，排名全球第三，日本与美国的比较系数为 0.15，与中国的比较系数为 0.45。美国、中国、日本三国的数字产业综合系数之和为

---

① 全球行业分类系统（GICS）是由标准普尔（S&P）与摩根士丹利公司（MSCI）于 1999 年 8 月联手推出的行业分类系统。

0.7325，占全球的73.25%。

中国各级政府都把发展数字产业列入产业规划中，但发展仍然是不平衡的。超过100家公司的地区分别是广东296家（其中深圳184家），北京206家，香港147家，江苏147家，上海116家，浙江103家。目前，中国在数字产业所产生的领军企业和高市值企业也基本符合这种分布。如果再进一步细分产业，广东在电子元件、电子设备和仪器、电脑硬件、通信设备等7个数字产业中占据第一。北京在互动媒体与服务、信息科技服务、系统软件、应用软件等7个数字产业中占据第一，具有明显优势。上海在半导体产品、半导体设备、互联网与直销零售3个产业中占据第一。江苏和浙江在19个数字产业中没有占据第一的产业。

在19个数字产业中，国有企业有155家，占总量的13%，非公有制企业占总量的87%。在领军企业和高市值企业中，非公有制企业分别占71%和81%。因此，在数字产业中，非公有制企业是主力军。这也从另一个方面提示国家和国有企业要加大对数字产业的投入，尤其是投入大、投资周期长的核心产业。

在19个数字产业中，半导体产品、半导体设备、电脑硬件、通信设备、系统软件、应用软件是6个最为核心的产业。但是，在半导体产品、半导体设备、系统软件和应用软件4个产业中，中国没有全球领军企业。在电脑硬件和通信设备产业里各仅有1家。因此，发展和培育这6个核心产业的领军企业，是政府、社会、企业需要共同关注的问题。

三 中国经济发展的经验与增长韧性

2021年12月中央经济工作会议指出，在应对风险挑战的实践中，我们进一步积累了对做好经济工作的规律性认识。这表现在对长期发展要求、当前经济运行以及管理经济的政策把握的紧密衔接和相互照应上。

首先，充分认识中国经济发展的长期要求是"以国内大循环为主体、国内国际双循环相互促进"。这是对构建新发展格局的规律性认识，把这个认识与经济运行政策相结合，从而转化为经济工作实践，是实现科学调控经济的保证。马克思主义政治经济学深刻揭示了经济循环的基本原理，《资本论》从单个资本和社会总资本两个层面分析了资本运动和经济循环。在社会化大生产中，畅通经济循环的关键在于商品的使用价值实现消费福利，资本的使用实现价值增殖。这两个实现就是所谓"惊险的一跃"，它推动经济循环不断扩大社会再生产。在经济循环中，生产是决定分配、流通、消费的主要因素，也是畅通经济循环的主要矛盾方面。因此，我们要强调供给侧结构性改革，要抓住具有报酬递增、技术外溢效应强的高质量生产活动，提高劳动力、土地、资本、制度和创新等要素的配置效率，实现要素组合的结构优化，形成强而有效的供给能力。2022年的政府工作报告强调要深入实施创新驱动战略，巩固壮大实体经济根基，推进科技创新，促进产业优化升级，突破供给约束堵点，依靠创新提高发展质量。同时，在分配、流通和消费各环节要坚定实施扩大内需战略，推进区域协调发展和新型城镇化共同发力，增强穿透经济循环堵点的合力，才能消除瓶颈制约，畅通国内经济大循环。

在经济全球化条件下，商品服务、资源要素的自由流动给一个国家的社会总资本运动提供了提质增效的有利因素。我们要充分利用好两个市场两种资源，促进国内国际双循环相互促进。为此我们仍然要坚持扩大开放，特别是要推动制度型开放，为高质量发展提供新活力。

其次，努力认识和掌握经济运行的周期规律，做好周期调节及其预期管理工作。2022年的政府工作报告提出，注重宏观政策跨周期和逆周期调节，有效应对各种风险挑战。以往在宏观政策中提出的逆周期调节，主要是针对经济运行出现过热或过冷现象采取的反方向调节措施，目的是熨平经济波动幅度，保持经济平稳运行。2021年7月30日中央政治局会议提出，要做好宏观政策跨周期调节，保持宏观政策连续性、稳定性、可持续性，统筹做好2021—2022年宏观政策衔接，保持经济运行在合理区间。跨周期调节是对经济运行规律的新认识和新实践，它主要是针对在中国经济转入中高速换挡期后，还将逐步向中速增长轨道滑行。特别是2021年因经济恢复出现的较高速度的补偿性增长，并非潜在经济增长率的表现。随着经济恢复进入常态，增长速度的回落是必然的，但是为了防止经济运行出现大起大落，需要保持对经济恢复的必要支持力度，并为应对可能出现的新问题预留政策空间。跨周期调节的主要措施是通过精准的财政政策和稳健灵活的货币政策帮助企业纾困解难，强化稳岗就业，加强大宗商品保供稳价。这些新实践新认识丰富和发展了中国经济宏观调控的内涵和政策工具。

最后，充分认识以人民为中心的经济发展，必然要求政策组合的多样性和政策组合的科学性。资本主义国家以资本为中心的经济运行，目的是保证资本收益最大化，因此一般只强调财政政策和货币政策；而中国特色社会主义市场经济运行，目的是满足人民群众对美好生活的愿望，调节经济运行必须使用多样化的政策组合才能达到目的。具体说就是宏观政策要稳健有效，微观政策要持续激发市场主体活力，结构政策要着力畅通国民经济循环，科技政策要扎实落地，改革开放政策要激发发展活力，区域政策要增强发展的平衡性协调性，社会政策要兜住兜牢民生底线。而且，这些政策组合需要系统化协调。经济社会发展是一个相互关联的复杂系统，要防止出现合成谬误，不把分兵把关变成只顾自己不及其余，避免局部合理政策叠加后造成负面效应。不把系统目标碎片化。可见，中国经济运行的管理，不仅具有自身特色，而且比资本主义国家的管理难度高得多，责任也大得多，因此对经济学理论创新的要求也强得多。

2022年中国经济的总基调仍然是"稳中求进"，这是党和国家对做好经济工作的规律性认识和总结，是治国理政的重要原则和方法论，它体现了实事求是、一切从实际出发的指导思想。在这个思想指导下，2022年中国发展的主要预期目标是国内生产总值增长5.5%左右；城镇新增就业1100万人以上，城镇调查失业率全年控制在5.5%以内；居民收入增长与经济增长基本同步；粮食产量保持在1.3万亿斤以上。因此，既要贯彻执行稳字当头、稳中求进的经济工作总基调，又要在新的下行压力下，把稳增长放在更加突出的位置。除了政府工作报告部署的一系列稳增长的政策措施之外，当前最重要的是要增强实现经济发展目标的必胜信心，增强预期引导，把全国人民的认识和行动统一到党中央、国务院的决策部署上来。要充分认识中国仍然处于发展的战略机遇期，持续发展具有多方面有利条件，特别是亿万人民有追求美好生活的强烈愿望、创业创新的巨大潜能、共克时艰的坚定意志，党和国家还积累了应对重大风险挑战的丰富经验。尽管2022年第一季度新冠疫情造成停产限产，但党和国家已经并正在采取一系列政策措施加以应对，而且，一些新的经济动能正在显现。

供给侧方面：制造强国战略进一步落实，2022年第一季度中国制造业占比继续提升，制造业数字化绿色化转型稳步实施。截至2022年3月底，15家跨行业跨领域工业互联网平台中，可监测的工业设备连接数量达到3072万台套、工业App数量突破22.5万个，全国在建"5G+工业互联网"项目超过2400个。产业发展新动能加快培育，高技术制造业增加值增速显著高于工业整体水平，电气机械和器材制造业，计算机、通信和其他电子设备制造业增长均超过10%，新能源汽车、太阳能电池、工业机器人产量分别增长140.8%、24.3%、10.2%。各地各部门加强增产增供，促进产需对接，基本实现了大宗商品保供稳价，工业生产者出厂价格指数同比涨幅回落，工业品出厂价格与购进价格之间的"剪刀差"有所收窄，企业成本压力一定程度上得到缓解。2022年第一季度，中国新能源汽车产销分别完成129.3万辆和125.7万辆，同比均增长1.4倍。

需求侧方面：消费主导地位持续巩固，2022年第一季度，最终消费支出增长对经济增长贡献率为69.4%，比2021年同期提高18.7个百分点。升级类商品销售较快增长，文化办公用品类、金银珠宝类商品零售额分别增长10.6%、7.6%，网上销售增速快于整体消费增速。投资需求更加注重"补短板、强弱项"和"锻长板、增后劲"，重点水利工程、综合立体交通网项目、重要能源基地建设、新型基础设施等方面的投资成为扩大有效投资的重要抓手，关键核心技术攻关投资、重点行业节能降碳改造投资成为"发挥投资对优化供给结构的关键作用"的重要方面，社会领域、生态环保、城镇基础设施领域补短板建设投资力度加大。

总体而言，中国经济体量大、回旋余地广、发展韧性强、要素支撑足、市场空间阔，具有应对各种风险挑战的能力和基础。我们相信，一旦新冠疫情缓解，中国经济恢复的势头将难以阻挡、蓬勃向前，必将为世界经济复苏和发展进程推进提供强劲支撑。

可持续发展和技术创新：中国的成功道路

[墨西哥]玛丽塞拉·康奈利[*]

摘　要："气候变化和绿色发展"是"全球发展倡议"中的一项关键合作领域，本着坚持行动导向的原则，助力加快落实联合国2030年可持续发展议程，构建全球发展命运共同体。当今世界面临一系列能源、环境等可持续发展等问题，需要构建一个更加平衡，更可持续的世界，技术创新是不可或缺的工具。中国政府和中国人民在可持续发展和技术创新方面，实现了相应的促进可持续发展的技术创新，正在逐步解决气候变化、环境污染、社会不平等现象，以及贫困带来的难题。中国的经济发展是最具独创性的典范，在发展工业、引进先进技术、技术发展和创新方面，中国都取得了重要进展。中国逐渐成为各领域研发的引领者，并逐渐成为技术标准的制定者。中国人民不懈努力向目标迈进，紧跟国家战略，且意识到了生态、经济和社会问题的紧迫性。国际竞争、政府资助、借鉴他国经验、产学研结合都起到了支撑作用，中国的发展案例和实践有重要的研究价值和借鉴意义。

关键词：可持续发展；技术创新；环境治理；中国经验

---

[*] 玛丽塞拉·康奈利，博士，墨西哥学院亚非研究中心教授。

人类正处于一个关键时期，面临着诸如环境恶化，贫困，国家与国家、个人与个人之间的贫富悬殊与分配不均的问题，这些问题都亟待解决。只有保护好、高效而合理地利用自然资源，才能避免自然资源耗尽。我们作为地球居民都应该意识到：地球是我们的唯一家园，破坏地球也就意味着自我毁灭。我们要保护绿地，改善城市空气质量；使用替代能源以减少传统能源污染，如提倡以电动车取代燃油车。在保护地球的进程中，科技是不可或缺的盟友；几个世纪以来的历史经验证明，技术进步有助于淘汰落后的生产方式，并有助于在保护环境和人类健康的基础上，建立新的生产方式。各国政府有责任通过制定可持续发展的政策来保护自然资源及其人民，各国人民的参与也是促进这些政策落实的关键。2021年9月，习近平总书记提出的"全球发展倡议"主张人与自然和谐共生、创新驱动等，中国政府和中国人民在这些方面开展了一系列重要实践，实现了能够促进可持续发展的技术创新，从而正在逐步解决气候变化、环境污染、社会不平等现象和贫困带来的难题。因此，中国的实践具有尤其重要的借鉴意义。

本章介绍了技术创新对实现可持续发展的重要性，阐述了创新和技术的意义以及国际组织与各国的应对方式。具体分析了中国的技术创新实践，中国政府把技术创新放在首位，通过落实相关政策解决了困扰中国人民几十年的重大问题。中国的经验表明，如果没有合理的政策，经济增长本身毫无意义，中国的发展不仅保护了环境，而且创造了一个公平且高效生产的社会。

一 可持续发展的技术支撑

联合国文件对可持续发展的定义是：既满足当代人的需求，又不损害后代人满足其需求的发展。技术创新是可持续发展的核心，此处的技术包括用于"以特定和可再生方式满足某项特定的人类需求"的方法、过程和实践，而创新则是"构思、开发、确立和部署技术的过程"。

明确增长和发展之间的区别非常重要。增长是经济活动在短期内的增量，不需要从长远角度考虑人们所处的社会和环境。增长需要以一定的自然资源和社会资源为基础，并且有一定限度，而发展聚焦于人们生活质量的提高。可持续发展的理念要求我们在推动经济和社会进步的同时兼顾自然资源管理和维持生态平衡。1950年，国际讨论侧重于第二次世界大战引发的资源过度开发和污染造成的环境恶化。1972年，斯德哥尔摩联合国人类环境会议讨论了可持续发展的必要性，此后联合国也全面介入该议题。1987年，世界环境与发展委员会（布伦特兰委员会）为可持续发展做出如下定义："既满足当代人的需求，又不损害后代人满足其需求的发展。"[①] 该定义揭示了经济、社会和环境的融合发展对人类生活至关重要。世界环境与发展委员会还表示，可持续发展在社区、国家、地区和国际层面都是一个切实可行的目标。联合国也认同世界环境与发展委员会提出的这一概念。1992年，联合国环境与发展大会在里约热内卢召

---

① United Nations, "Our Common Future, Report of the World Commission on Environment and Development", 1987.

开，大会发表的《里约环境与发展宣言》敦促世界各国同心协力，保护环境。1997年，各国相聚地球+5峰会，讨论绿色经济议题。2002年，世界可持续发展峰会（里约+10）在约翰内斯堡召开，会议敦促各国减少对生产部门和农业部门的补贴。各国在会上做出了承诺：共同致力于强化可持续发展的三大支柱——经济增长、社会进步和环境改善。2012年，联合国里约+20大会召开，参会国家承诺，将通力合作设立全球性的可持续发展目标，并共同实施。① 2015年，联合国大会在纽约召开，确定了联合国2030年可持续发展议程，其中包括17个可持续发展目标和在2030年之前建成可持续发展的框架。②

可持续发展具有以下特点：满足当代人的需求，努力追求社会公平和减少贫困。各国积极合作、尊重环境、保障后代权利也是可持续发展的题中应有之义。在可持续性的概念中，必须关注三个方面：经济、环境和社会。生态可持续性是指通过自然资源管理使其得到保护，以供后世使用；社会可持续性是指人口增长应该限定在一定范围内，以达到消除贫困、实现社会公平和环境保护；经济可持续性强调，经济增长不能损害生态平衡，因此，对自然资源的开发不能超越其再生能力。

根据1992年发表的《里约环境与发展宣言》，环境与发展

---

① United Nations, "The Millennium Development Goals Report, 2012", New York, http://www.un.org/millenniumgoals/pdf/MDG%20Report%202012.pdf.
② United Nations, "Transforming Our World: The 2030 Agenda for Sustainable Development", https://www.un.org/ohrlls/sites/www.un.org.ohrlls/files/2030_agenda_for_sustainable_development_web.pdf.

主要关注的是：人类的生存和生活质量；①各国在保护环境方面的责任；公平地满足今世及后代的需要；环境保护；消除贫困；着眼于所有国家在环境与发展相关事宜上的利益；各国在保护全球生态系统方面的责任；各国在科学和技术方面的合作；公众的环保意识等。

各国在材料的回收和再利用、清洁能源的使用、替代燃料的使用、集约型农业的缩减、重新造林和可持续城市建设方面已经取得了进步，接下来的任务是寻找一种在不破坏自然资源的前提下可持续的消费和生产方式。如果不这样做，我们将面临社会分化和不平等现象的加剧。根据可持续发展框架，经济增长不能通过滥用资源和污染环境来实现。目前的经济增长模式无法提供合适的就业岗位，对那些缺乏必备技能的年轻人尤为如此，使其面临失业的危险。女性的工作价值依然得不到认可，无法跟男性同工同酬。各国还没有做好应对人口老龄化的准备，残障人士等社会弱势群体仍无法参与社会经济。②

除了一些国际会议给出的可持续发展的定义外，社会学家们还深入研究了可持续发展的含义。有人认为"可持续增长"和"可持续发展"可以互换。"增长"是指经济体系中物质层面上的规模性扩张；而"发展"则是指"在所处环境的动态平衡状态

---

① Alejandro Nadal editor, *Desarrollo Sustentable Y Cambio Global*, El Colegio de México AC, 2007.

② David John Griggs et al., "An Integrated Framework for Sustainable Development Goals", *Ecology and Society*, Vol. 19, No. 4, December 2014, p. 24.

下，一个物质上没有增长的经济系统的质变"。① 有助于可持续发展的技术进步必须通过"提高效率，而不是增加投入"来实现。

二 技术创新及其与可持续发展的关系

发明和创新驱动着技术变革，技术变革不仅会对经济和社会产生巨大影响，也是推动可持续发展的重要因素。在提高人民生活质量、改善人类健康、方便人们出行与沟通的同时，技术变革还会助力材料科学、制造业、基因学和其他领域的深入发展，使世界经济融合得更加紧密，从而推动生产力的变革。随着大量可用数据的涌现，数据分析技术的进步，数据革命应运而生。数据革命的重要性毋庸置疑，政府需要可靠数据才能提高在关键问题上的决策能力，实现执政目标，优化投资决定以及精确把握发展进程。新技术为更多人提供了更好的公共服务，涵盖健康、教育和基础设施等方面。②

创新既可以是一种理论，一个想法，一个工具，一种行为模式，也可以是一种社会契约或者一个社会机构。③ 没有创新，也就没有发展。创新是一个复杂连续的过程，它包含诸多环节。发明创造可以诞生在前期调研之中，也可能发生在根据计划落

---

① Herman Dally, "Development: From Concept and Theory to Operational Principles", *Population and Development Review*, Vol. 16, 1990, pp. 25-43.
② Sustainable Development Solutions Network, "Getting Started with the Sustainable Development Goals", 2015, https://www.cof.org/content/getting-started-sustainable-development-goals.
③ N Bruce Hannay, "Technological Innovation: Its Nature and Significance", *Bulletin of the American Academy of Arts and Sciences*, Vol. 33, No. 6. March 1980, pp. 34-48.

实技术的过程中，随后投入到制造环节。在整个发明创造过程中，每个环节都有一定的风险和不确定性。有学者把创新分为三类：第一类是高度复杂系统的技术变革，比如通信网络、军事系统、航天任务以及交通系统；第二类是在技术上的颠覆性发现，最终会带来整个行业、经济或社会层面上的根本性变革；第三类是指对产品的逐步改进。创新的体制背景也会影响创新活动，政府是创新的基石，因为政府可以通过资助大学、制定相应的经济政策及创新和专利方面的规章制度来支持技术研发。

科学家、企业家、工程师们可以通过多种方式开展以创新为核心的项目，坚信他们的努力会为社会带来量变与质变。如今越来越多的人口乃至其后代都缺乏生存技能，这势必会阻碍技术创新的调动，影响可持续发展的实现，发展中国家的政府无法为科技人员提供财政支持去解决环境和健康问题。目前，由于缺乏必要措施来应对气候变化，我们的后代必将承受气候变化的后果。

从创新之初，就需要考虑现实状况、引入来自不同领域的专家，借鉴前人的研究经验以及捕捉科技进步之间的共性。想要创新，就要理解技术是如何出现、进步和最终实现的。理解机构在制订计划和设定目标中的角色，以及它们是如何解决问题，带来必要的技术变革，从而推动技术高效利用，实现可持续发展的。地方政府、高等院校、私企和国企必须齐心协力，调动资源，形成合力，实现共同目标。

可持续发展政策不能限制经济增长，而应该推动经济增长方式的变革。① 可持续发展的技术可能是渐进式的，也可能是激进式的。渐进式创新是指通过提高产品或生产工艺来提高产品质量、生产力和多样性，同时不造成进一步的混乱；激进式创新指颠覆原本的知识和产品研发过程，替换成新的生产和营销方式。两种创新形式都可以促成可持续经济发展。技术创新让生产过程和资源使用更高效，同时降低对环境的影响。在具体落实过程中，必须考虑可持续发展的全球背景，也要根据当地具体情况因地制宜。要实现可持续发展，工业制造过程和制造出的产品必须实现结构性变革。我们需要构建一个能够高效、负责任地使用能源和资源的社会，优化生产过程，避免浪费。为了达成可持续发展的目标，各国政府、国际机构、高等院校和私营部门必须共同增强科技创新能力，将先进技术投入使用。②

发展中国家的技术革新倾向于利用现有产品和工艺提高当地生产力，并聘请当地机构和公司的技术专家提供能够改善人们生活质量的产品。为了助力减贫、实现社会公平正义以及环境的可持续发展，技术创新总是跟道德和政治义务息息相关。

美国的例子也比较有研究价值，在1956年罗伯特·索洛（Robert Solow）及其学生的研究中，他们认为储蓄、投资和资本累积是推动GDP增长的引擎，当时鲜少有人注意技术变革及其在经济发展中的重要性。但是索洛后来通过研究美国1909—

---

① Sharon Beder, "The Role of Technology in Sustainable Development", University of Wollongong, Faculty of Arts Papers 2000.

② Andrea Constantinescu and Simona Frone, "The Role of Technological Innovation in Sustainable Development", *Scientific Papers International Conference on Knowledge Society*, Vol. 4, February 2014, p. 13.

1949年的经济数据发现，7/8的GDP增长都来源于技术变革，只有1/8的增长来自资本存量。他的研究表明：长期的经济增长需要通过技术创新来推动。①

根据理论模型推演，科技进步主要有两种方式：一种是自主创新，另一种是引入和本土化别国新技术。但是通过自主创新，居民收入水平提高更快。

在21世纪的今天，世界面临着几个亟待解决的问题：可持续能源的供应、气候变化、医疗体系升级、水资源短缺及农业用水短缺。能源是可持续发展的关键要素，过去，能源系统一直依赖于化石燃料，而化石燃料的特性也决定了这种系统是不可持续的。化石燃料的燃烧会产生温室气体，且化石燃料总有一天会耗尽。供不应求和地缘政治的不稳定性还会导致能源价格飙升。

技术变革带来的好处可以惠及社会各个行业，而政府在其中的作用至关重要。信息技术和通信技术对于平衡短期和长期利益非常关键，这样人们才能采取行动，解决中期问题。政府在管控不良技术带来的后果方面发挥着决定性作用，有责任投资支持科技创新，带头采购环保产品。在技术变革中，民众的角色也很重要，他们的行为反映了社会观念的改变。人们意识到之前的生活方式不符合可持续发展理念，因此很多人选择步行，锻炼身体，重新思考消费方式，努力平衡个人利益和公共利益。不管是跨国集团的企业家，还是中小型企业的负责人，都开始与时俱进，把可持续发展理念融入公司的发展战略之中。

---

① Robert Solow, "A Contribution to the Theory of Economic Growth", *The Quarterly Journal of Economics*, Vol. 70, No. 1, February 1956, pp. 65–94.

教育是一种人力资本，不仅可以提高个人收入，也可以促进国家经济发展。2000 年，第二届世界全民教育大会在达喀尔召开。会议强调，必须全面提升教育质量，[①] 让青少年通过教育这个宝贵的工具去理解科技在生活中的意义，以及科技对社会的影响。同样，还应该让他们理解可持续性的内涵，向他们展示如何把技术与制度和价值观念联系在一起。

三　中国技术创新和可持续发展

中国过去 40 多年的经济发展是世界上最具独创性的典范。根据世界银行的数据，自 1978 年改革开放以来，按购买力平价算（Purchasing Power Parity，PPP），中国的国内生产总值（GDP）从当年的 1500 亿美元上升到了 2021 年的 18 万亿美元。中国通过经济增长和政策扶持，帮助大量人口脱离极端贫困。从 20 世纪 80 年代到 2021 年，全中国有 8 亿人口摆脱了极端贫困。

为实现经济增长，中国努力发展工业，逐渐广泛引进先进技术。中国领导人们意识到：如果想要把中国建设成为发达国家，提升居民生活水平，就必须凝心聚力搞创新，因为只有技术创新才能提高生产力的工艺复杂性。因此，在 2015 年，中国发布《中国制造 2025》国家行动纲领。这一规划由工业和信息化部起草，以促进制造业创新发展为主题，以提质增效为中心，

[①] International Institute for Applied Systems Analysis, "Education and the Sustainable Development Agenda", Septem-ber 2018, https://www.jstor.org/stable/resrep24554? seq = 1.

促进低成本制造业的结构优化。随着国外逐渐采用"中国标准",中国逐渐成为技术标准的制定者,中国经济正在逐渐转向以创新为基础,中国也逐渐成为各个领域研发的引领者。所有高科技产业都有中国的身影,足迹遍布汽车、航空、机械、机器人、铁路、轮船、医学器械、信息技术等各个领域。

在"十二五"规划(2011—2016年)收关之时,科技研发遍地开花:载人航天工程第二步第一阶段完美收官;探月工程第二步战略目标全面实现;"蛟龙号"载人深潜器创造了世界同类作业型潜水器的最大下潜深度纪录;"天河二号"超级计算机系统研制成功;成功地观测到了"量子反常霍尔效应";深钻技术、量子传送、中微子振荡和诱导多能干细胞方面成果喜人。在先进制造业领域,有高速铁路、水电设备、特高压输变电、第五代(5G)移动通信技术、地球观测卫星、北斗卫星导航系统、电动汽车和杂交水稻。从2015年开始,数字经济发展迅猛。阿里巴巴、腾讯、百度和华为等大公司推动了中国技术发展,中国已在电子商务和移动支付方面领先世界。

《中国落实2030年可持续发展议程进展报告》介绍了中国在可持续发展方面做出的努力,这些努力包括消除极端贫困,推动生态文明建设,为解决气候变化问题做出中国贡献。2016年,中国科学院和中国工程院两年一度的国家科学技术奖励大会以及中国科学技术协会第九次全国代表大会相继召开。习近平主席宣布实施创新驱动发展战略,确定了现代化建设的发展目标,即到2020年迈入创新型国家行列,到2035年左右进入创新型国家前列,到2050年要成为世界科技强国。创新是高质量发展的决定力量。没有创新就没有真正意义的发展,就没有高质量高效益、可持续有活力的发展。2016年5月,《国家创新驱动发展战略纲要》发布,强调科技创新是提高社会生产力和综合国力的战略支撑。科技创新可以提高国家竞争力,解决问题,确保经济可持续发展。

2017年,在中国共产党第十九次全国代表大会上,习近平总书记强调,创新是引领发展的第一动力,是建设现代化经济体系的战略支撑。[①] 习近平总书记强调,要瞄准世界科技前沿,强化基础研究,实现前瞻性基础研究、引领性原创成果重大突破。加强应用基础研究,拓展实施国家重大科技项目,突出关键共性技术、前沿引领技术、现代工程技术、颠覆性技术创新,为建设科技强国、质量强国、航天强国、网络强国、交通强国、数字中国、智慧社会提供有力支撑。加强国家创新体系建设,强化战略科技力量。深化科技体制改革,建立以企业为主体、市场为导向、产学研深度融合的技术创新体系,加强对中小企业创新的支持,促进科技成果转化。倡导创新文化,强化知识产权创造、保护、运用。培养造就一大批具有国际水平的战略科技人才、科技领军人才、青年科技人才和高水平创新团队。[②] 在"十四五"时期(2021—2025年),中国继续把创新作为现代化建设全局中的核心。

从20世纪80年代中国改革开放初期的邓小平,到20世纪90

[①] 习近平:《决胜全面建成小康社会 夺取新时代中国特色社会主义伟大胜利——在中国共产党第十九次全国代表大会上的报告》,人民出版社2017年版,第31页。

[②] 习近平:《决胜全面建成小康社会 夺取新时代中国特色社会主义伟大胜利——在中国共产党第十九次全国代表大会上的报告》,人民出版社2017年版,第31页。

年代的江泽民，再到21世纪前的胡锦涛、习近平，中国多位领导人都强调了深化技术创新的必要性。在"十四五"时期（2021—2025年），中国继续坚持创新在中国现代化建设全局中的核心地位。人们会问：为什么中国如此重视技术驱动发展和创新？这一问题有着深刻的历史根源，19世纪的中国历经战败，当时以大英帝国为首的帝国主义势力迫使清政府（1644—1912年）签订了一系列不平等条约，中国割地赔款，被迫开放通商口岸，割让香港岛。19世纪末，日本进行了现代化改革运动，引进外国先进技术，1895年中日签署《马关条约》后，日本大肆掠夺中国领土，台湾岛被其殖民长达50年之久。当时，有识之士主张运用西方技术抵抗压迫，解救中国。这些尝试意义重大，但由于没有清政府的政策支持，只有具体的目标，他们的设想未能充分实现，经济发展仍举步维艰，更无力摆脱外国压迫。

中国政府吸取历史经验，坚持创新优先，避免过度依赖国外技术。[①] 中国不再只是国际规则的接受者，而是成为规则的制定者。因此，将科学研究融入社会经济发展中变得至关重要，这样在政府和企业的合作下使科研成果在实践中得以应用。同时，还要持续统筹科研经费，这样才能稳步落实旨在实现首要目标的国家规划。

近年来，中国在技术发展和创新的各个方面都取得了进展：包括交通、空间技术和电信等领域。国际竞争、政府资助、借鉴他国经验、产学研结合也都起到了支撑作用。中国科技创新集群整体崛起。中国有18个科技创新集群进入全球科技创新集群百

---

① Zhao Litao, "China Innovation Driven Development under Xi Jinping", *East Asia Policy*, Vol. 81, No. 4, 2016, pp. 55 – 68.

强，总体数量仅次于美国（26个），其中深圳—香港—广州创新集群位列第二、北京创新集群位列第四。中国在创新质量方面排名第15位。在高校质量、国际专利申请、科技出版物质量三个衡量指标上中国与英美等国家的差距全面缩小。通信技术的进步意义重大。中国电信集团有限公司已将全球化发展战略纳入企业发展的战略目标中，在全球范围内开展对外投资寻求发展。2018年，华为技术有限公司和运营商一起建设了1500多张网络，覆盖全球170多个国家和地区，为30多亿人提供通信服务。

2020年，中国首次登顶自然科学领域学术论文发表榜单，反映了中国在科研领域取得的进展。中国共发表论文305927篇，占世界总量的19.9%；美国发表论文281487篇，占世界总量的18.3%，德国和日本分别位列第三、第四名。[①] 2021年全球创新指数（GII）报告显示，中国以54.8分位列第十二，瑞士、瑞典、美国占据榜单前三。[②] 在研发支出方面，中国仅次于美国，位列第二。根据经济合作与发展组织购买力平价，2018年，中国科研支出达到4680亿美元，美国为5820亿美元。中国全职科研人员数量居世界第一。

2016年，国务院发布了《中国落实2030年可持续发展议程国别方案》，宣布设立10个创新示范区。首批创新示范区包括：太原、桂林、深圳以及郴州、临沧、承德，六地均成立了可持

[①] "China Overtakes US to Rank Top for Sciences Papers", Nippon.com, September 14, 2020, https://www.nippon.com/en/japan-data/h00809.

[②] World Intellectual Property Organization, "Global Innovation Index, (2021): Tracking Innovation through the Covid-19 Crisis", September 20, 2021, https://www.readings.com.au/products/34823469/global-innovation-index-2021-tracking-innovation-through-the-covid-19-crisis.

续发展中心。就经济发展而言,这些地区已用科技创新解决了阻碍当地工业发展的问题。

科技带来的进步是毋庸置疑的,中国人民不懈努力,一丝不苟地向目标迈进,紧跟国家战略,且意识到了生态、经济和社会问题的紧迫性。中国还有很长的路要走。但是重要的是,中国没有否定问题的存在,而是积极响应,寻找有效的解决办法,不满足于短期方案,更着眼于中期和长期解决方案。

四 结论

实践证明,想要构建一个更加平衡、更可持续的世界,技术创新是不可或缺的重要工具。我们只有关爱和保护地球,才能让后代免受遗留的环境、经济和社会问题之苦。科学家、政府和全社会都做出了最大努力,提出问题并寻找可行的解决办法。然而,我们必须更加努力,聚焦于关键问题,构建污染更少的可持续城市。想要建设可持续城市,人们必须意识到无节制的消费和浪费会导致环境恶化。发达国家应帮助发展中国家发展经济,创造财富,提高居民生活水平。发达国家对于发展中国家负有责任,因为很长时间以来,发达国家借助发展中国家的资源实现了本国的工业化。地球是我们共同的家园,任何国家都没有权利无视他国,肆意掠夺地球资源。齐心协力是制定相关政策,以构建一个更加均衡、更加平等、更加公正的世界的关键所在。

中国的案例非常有研究价值。中国曾饱受压迫,历经内战,遭受过资源剥削,也经历过帝国主义的打压,这些都阻碍了经济发展，延误了现代化进程。中国庞大的人口基数，对发展而言，有时是资本，有时也是累赘。中国领导人肩负重任，为全国人民提供衣食所需，还要避免贫困造成的问题。他们意识到，必须开展经济改革，才能让中国实现发展目标，屹立于世界民族之林；只有技术创新驱动的发展才能实现预期增长目标，提高人民生活质量，保护环境。在21世纪的第二个十年，我们共同见证了中国经济和社会天翻地覆的巨变。技术创新使得宇宙航行、手机支付和即时通信成为现实，简而言之，如此多的科技进步在过去是不可能的。

在这个过程中，中国政府和科学家们起到了非常重要的作用，他们满腔热忱，不达目的不罢休。他们创新方法和技术，一边追求可持续发展，一边坚信一定可以把中国建设成为世界强国。通过政策支持以及对高校的财政支持，中国培养了一大批高水平科学家，他们齐心协力、高效助力中国发展规划的制定。不同城市的先行示范项目推动了清洁能源的发展，从而保护了环境和人民的健康。诚然，中国的发展任重道远，但是其根基已筑牢，并在向既定目标不懈奋斗。中国提出的"全球发展倡议"必将有助于推动全球发展事业，有助于全球分享中国的发展经验，合力推动国际发展合作进程。

区域全面经济伙伴关系协定：
助力落实全球发展倡议

钟飞腾*

摘　要：发展中国家的疫情更加严峻，面临着更大的发展挑战。为克服发展赤字，中国领导人提出了"全球发展倡议"，呼吁国际社会关注发展中国家面临的困境，寻求以人民为中心的可持续发展。RCEP 是一项具有亚洲特色的巨型自由贸易协定，立足于亚洲价值链贸易，设定了分阶段、分国别的关税减让表，这有助于扩大地区内的贸易，特别是加大力度向世界提供医疗产品和服务，应对疫情，推动经济复苏。RCEP 还创造性地设计了原产地累积规则，不仅有助于改善中低收入国家的经济结构，而且使他们更好地融入地区价值链，创造更多的就业。与美欧认为这是一项更有利于中国的地区贸易协定不同，世界银行等国际组织的评估表明，中小国家将通过 RCEP 获得更快的增长。中国地方参与 RCEP 的经验也表明，中西部地区与 RCEP 国家的贸易增速要快于东部沿海地区。这似乎也反映出中

---

* 钟飞腾，中国社会科学院亚太与全球战略研究院大国关系研究室主任，研究员。

国加快形成新发展格局对全球经济复苏的影响。

关键词：RCEP；全球发展倡议；价值链贸易；新冠疫苗；经济增长

2021年9月，习近平主席在出席第七十六届联合国大会一般性辩论时首次提出了"全球发展倡议"。习近平主席指出，"必须复苏经济，推动实现更加强劲、绿色、健康的全球发展。发展是实现人民幸福的关键。面对疫情带来的严重冲击，我们要共同推动全球发展迈向平衡协调包容新阶段"①。3个月后，在2022年世界经济论坛视频会议上，习近平主席再次指出，中国提出的"全球发展倡议"是一项向全世界开放的公共产品，希望国际社会关注发展中国家所面临的紧迫问题。因为在新冠疫情冲击下，全球发展进程正遭受严重冲击，南北差距、复苏分化、发展断层、技术鸿沟等问题更加突出。②

在经济全球化遭遇逆流时，一个好消息是《区域全面经济伙伴关系协定》（RCEP）于2022年1月1日正式生效。RCEP将15个国家和22亿人口纳入新型贸易伙伴关系中，不仅将促进贸易和投资，也将通过提高生产率和数字经济发展，推动地区内更大范围的一体化，助推全球经济复苏。作为全球规模最大的自由贸易协定，RCEP不仅体现出亚洲经济体之间独特的基于价值链的贸易，也将充分展示中国构建以国内大循环为主体、国内国际双循环相互促进的新发展格局的作用。可以预期，

---

① 习近平：《坚定信心 共克时艰 共建更加美好的世界》，人民出版社2021年版，第3页。

② 习近平：《坚定信心 勇毅前行 共创后疫情时代美好世界——在2022年世界经济论坛视频会议的演讲》，《光明日报》2022年1月18日。

RCEP 的长远效应将不会只局限于各成员国内部和地区内部，也将促进以人民为中心的全球经济发展。

一 新冠疫情与发展中国家面临的经济社会挑战

疫情对全球经济的冲击几乎是百年未遇。2020 年 4 月，国际货币基金组织（IMF）将新冠疫情引发的经济冲击命名为"大封锁"，认为其要比 2008 年国际金融危机严重。① 之后，IMF 曾多次调低世界经济的增长率预期。例如，2020 年 4 月预测当年世界经济萎缩 -3%，当年 6 月进一步调低至 -4.9%。一年之后，IMF 认为，受惠于几个大型经济体推出的额外财政支持和疫苗推广计划，全球经济前景有所改善，但是复苏进程出现分化且存在极大不确定性。由于疫苗采购的困难，新兴市场经济体和低收入发展中国家的大多数人口无法获得有效保护，需要更频繁的封锁和遏制措施，这就增加了提高经济产出的困难。亚洲新兴市场的表现虽然好于其他地区，但是像印度尼西亚、菲律宾、马来西亚等国的新冠肺炎确诊病例仍很多，这也会给它们的增长蒙上阴影。②

中国是世界上最早认识到疫苗分配不公可能导致全球经济复苏进程分化且全球发展倒退的国家之一。早在 2020 年 11 月，习近平主席在以视频方式参加第三届巴黎和平论坛时，就向国

---

① International Monetary Fund, *World Economic Outlook: The Great Lockdown*, Washington, D. C., 2020, April.

② International Monetary Fund, *World Economic Outlook: Managing Divergent Recoveries*, Washington, D. C., 2021, April, p. 11.

际社会承诺,将履行中国疫苗作为全球公共产品的承诺,帮助国际社会特别是发展中国家提高应对突发公共卫生能力,推动构建人类卫生健康共同体。① 2021年5月,习近平主席在全球健康峰会上更是指出,要摒弃"疫苗民族主义",弥合"免疫鸿沟"。特别是,疫苗研发和生产大国要担负更大的责任,增强发展中国家获取疫苗的能力。②

2021年7月,IMF断言,疫苗获取能力已成为世界经济的主要断层线。发达经济体近40%的人口已完全接种疫苗,而新兴市场的接种比例不到发达经济体的一半,低收入国家接种人口比例则更低。沿着这条断层线,全球经济复苏形成了两组阵营:一组是有望在当年晚些时候进一步恢复正常经济活动的国家,而这些国家几乎都是发达经济体;另一组是仍面临感染病例再度激增、死亡人数不断上升的国家。③ 在2021年10月发布的《世界经济展望》中,IMF警告,德尔塔病毒迅速传播,新冠疫情卷土重来,世界经济复苏的两极分化将持续更长时间。世界贸易组织和国际货币基金组织疫苗贸易跟踪报告显示,截至2022年3月31日,全世界的疫苗总供应量达到144亿剂,其中用于贸易的为57亿剂,欧盟、中国、美国的供应量分别占世界出口份额的39.7%、32.6%和15%。④ 大部分发展中国家和

---

① 习近平:《共抗疫情,共促复苏,共谋和平》,《光明日报》2020年11月13日。
② 习近平:《携手共建人类卫生健康共同体》,《光明日报》2021年5月22日。
③ IMF, "Fault Lines Widen in the Global Recovery", July 27, 2021, https://www.imf.org/en/Publications/WEO/Issues/2021/07/27/world-economic-outlook-update-july-2021.
④ World Trade Organization, "WTO-IMF COVID-19 Vaccine Trade Tracker," 28 April, 2022, https://www.wto.org/english/tratop_e/covid19_e/vaccine_trade_tracker_e.htm.

新兴市场并无疫苗生产能力,主要依赖于进口或国际捐赠。按收入水平划分,如表1所示,低收入国家和中低收入国家的疫苗接种比例分别为12.0%和48.4%,远远低于高收入国家和中高收入国家的73.2%和72.6%。而且,以人口和疫苗供应剂量的比例算,高收入国家远远高于其他收入水平的国家。由于疫苗接种不到位,中低收入国家和低收入国家的经济增长将日益艰难。

表1　　　　按收入组别划分的国家疫苗供应和接种情况

收入组别	供应剂量数量（亿）	每100人拥有的疗程	至少接种1次疫苗的比例（%）	充分接种比例（%）	人口（亿人）
低收入国家	3.5	26.1	15.2	12.0	6.8
中低收入国家	42.4	70.8	57.3	48.4	29.9
中高收入国家	67.1	114.5	78.2	72.6	29.3
高收入国家	30.5	122.6	78.0	73.2	12.4

注：疗程指的是达到充分接种需要的疫苗数量,对于需两次接种才算充分接种新冠疫苗的,疗程数为疫苗剂数除以2,对于只需要注射一次的新冠疫苗,疗程数就是疫苗剂量数。

资料来源：世界贸易组织数据。

除了疫苗接种差异之外,发达经济体在财政能力、医疗卫生保健、互联网发展上也明显好于多数发展中经济体。2020年5月,联合国开发计划署（UNDP）在一份报告中发出警告,新冠疫情对健康、教育和收入造成三重打击。UNDP构建的人类发展指数（HDI）显示,新冠疫情对人类发展的影响远远超过了2008年国际金融危机,20世纪90年代该指数出现以后首次下滑,其中中低收入国家和低收入国家遭受的冲击要远远高出全球平均水平。① 在 UNDP 发出上述警告时，全球因新冠疫情导致的死亡病例为 30 万例。两年后，世界卫生组织（WHO）提供的最新数据显示，全球新冠肺炎死亡病例上升至 630 万例，而确诊病例高达 5.3 亿例。② 鉴于新冠肺炎死亡病例数是两年前的 21 倍，可以预期的是，目前人类发展指数所衡量的全球发展状况之差将是史无前例的。

自 2021 年 10 月德尔塔病毒出现，特别是奥密克戎变异病毒迅速传播以来，全球经济复苏的动力更显不足，且发展中经济体和新兴市场面临的挑战正逐步加大。如表 2 所示，从 2021 年 10 月到 2022 年 4 月，IMF 多次预测的世界经济增长前景越来越黯淡。在半年时间内，发达经济体产出的预测值累计下降了 1.9 个百分点，新兴市场与发展中经济体的产出预测值下降了 2.6 个百分点。稍微令人欣慰的是，亚洲新兴市场与发展中经济体的产出预测值下降了 1.8 个百分点，属于统筹抗击疫情和恢复经济社会发展最好的一个区域。

表 2　　　　　IMF 对 2022 年全球经济增长的预测　　　　　单位：%

经济体	2021 年 7 月	2021 年 10 月	2022 年 1 月	2022 年 4 月
世界产出	4.9	4.9	4.4	3.6
发达经济体	4.4	5.2	3.9	3.3

---

① UNDP, "COVID-19: Human Development on Course to Decline This Year for the First Time since 1990", May 20, 2020, https://www.undp.org/press-releases/covid-19-human-development-course-decline-year-first-time-1990.

② 数据截至 2022 年 6 月 3 日，https://www.who.int/emergencies/diseases/novel-coronavirus-2019。新华社：《世卫组织：全球累计新冠确诊病例达 528816317 例》，2022 年 6 月 4 日，中国政府网，http://www.gov.cn/xinwen/2022-06/04/content_5693896.htm。

续表

经济体	2021年7月	2021年10月	2022年1月	2022年4月
新兴市场与发展中经济体	5.2	6.4	4.8	3.8
亚洲新兴市场和发展中经济体	6.4	7.2	5.9	5.4

资料来源：笔者根据各期IMF发布的《世界经济展望》整理。

经济增长不是一切，但离开了经济复苏，其他经济社会指标也将恶化。世界银行在2022年1月发布的《全球经济展望》报告中指出，在经济增速放缓之际，发达经济体与新兴经济体和发展中经济体之间的增速差距将不断扩大。新冠疫情还加剧了全球收入不平等，扭转了过去20年全球不平等缓解的趋势。在发达国家加息、通胀、债务等压力下，发展中经济体可能面临着"硬着陆"的风险。用世界银行集团行长戴维·马尔帕斯的话说，"日益严重的不平等和安全挑战对发展中国家尤其有害"[1]。国际劳工组织发布的最新报告也指出，多重全球危机正在导致全球劳动力市场复苏明显恶化，国家内部和国家之间的不平等现象日益加剧。2022年第一季度全球的工作时间仍低于新冠疫情暴发之前3.8个百分点，相当于损失了1.12亿个全职工作岗位。虽然高收入国家的工作时间有所恢复，但仍比新冠疫情暴发前低2.1%，而低收入国家和中低收入国家的工作时间更是比新冠疫情暴发之前低3.6%和5.7%[2]。为此，国际劳工组织总干事盖·莱德强调，"全球劳动力市场复苏已经出现了逆

---

[1] World Bank, *Global Economic Prospect*, January 2022, Washington, D. C.: World Bank, 2022, p. xvii.

[2] International Labour Organization, *ILO Monitor on the World of Work*, Ninth Edition, 23 May, 2022, https：//www.ilo.org/wcmsp5/groups/public/—dgreports/—dcomm/—publ/documents/publication/wcms_845642.pdf.

转。危机的自我强化使得不平衡和脆弱的复苏变得更加不确定。对工人及其家庭的影响，特别是在发展中国家，将是毁灭性的，并可能转化为社会和政治混乱。现在，我们比以往任何时候都更有必要共同努力，专注于创造一个以人为本的复苏"。①

二 RCEP对地区和全球经济的推动效应

东亚疫情防控和经济复苏表现出色的一项重要原因，是该区域注重贸易便利化以及独特的价值链贸易。2022年1月1日正式生效的《区域全面经济伙伴关系协定》是具有亚洲特色的贸易自由化协定。RCEP属于典型的巨型区域自由贸易协定，截至2020年，15个成员国的经济总量约占全球的31%（26.1万亿美元），人口约占全球的29.7%（23亿人），货物贸易总额约占全球贸易的29%（10万亿美元）。

RCEP的第一项创新是体现自由贸易协定的亚洲特色。亚洲开发银行（ADB）在最近的一份研究报告中指出，RCEP是在东盟的推动下逐渐形成的，遵循了地区一体化中的"东盟方式"，维护了东盟在领导亚太地区经济合作架构方面的中心地位。② 通常而言，传统的自由贸易协定，在起步之初就设立严格的议程，要求各方按照协议签署时的书面文本统一推进自由化，

---

① 《劳动力市场复苏出现逆转》，2022年5月23日，国际劳工组织网站，https://www.ilo.org/beijing/information-resources/public-information/press-releases/WCMS_846228/lang—zh/index.htm。

② Asian Development Bank, *The Regional Comprehensive Economic Partnership Agreement: A New Paradigm in Asian Regional Cooperation?* May, 2022, https://www.adb.org/sites/default/files/publication/792516/rcep-agreement-new-paradigm-asian-cooperation.pdf.

而"东盟方式"最主要的特点是尊重差异、协商一致。针对成员国发展水平的差异,RCEP规划了长达20年的关税递减进程表。事实上,这是20世纪90年代区域内国家推进贸易便利化的一项有益经验,对于发展中经济体而言,在差异化的基础上,承诺迈向贸易自由化的愿景本身就极为重要。RCEP的差别对待,也体现了WTO于2013年达成的《贸易便利化协定》中的要求,有助于平衡全球北方和南方国家之间的经济实力和利益。有研究甚至认为,RCEP代表了一种不同于TPP/CPTPP的巨型区域主义方法,它将推动亚洲地区主义的范式转变,并在国际经济法中为全球南方建立规范基础。① 例如,区域内进口的最惠国关税税率,文莱仅为0.3%,韩国则高达13.1%,15国的最惠国关税税率平均为5.6%。世界银行的估算表明,至2035年,单纯降低关税将使地区内的经济增长0.2%,更大的收益来自地区一体化后的生产率改善,后者可能会使地区生产总值增长2.5%。随着RCEP的深入实施,地区内将吸收更多区域内投资,女性工人比例高的部门就业机会更多、工资增长也更快,最终可能使地区内增加2700万中等收入人口。②

RCEP的第二项创新则是基于价值链贸易提出的"原产地累

---

① Pasha L. Hsieh, "Against Populist Isolationism: New Asian Regionalism and Global South Powers in International Economic Law", *Cornell International Law Journal*, Vol. 51, No. 3, 2018, pp. 683 – 729.

② Carmen Estrades, Maryla Maliszewska, Israel Osorio-Rodarte and Maria Seara e Pereira, *Estimating the Economic and Distributional Impacts of the Regional Comprehensive Economic Partnership*, World Bank, Policy Reserch Working Paper, No. 9939, February 2022.

积规则"。① 由于东亚地区的零部件贸易极为盛行,中间投入品多次跨越边境,将放大高额关税的保护成本。如果各国承诺减少关税或消除非关税壁垒,那么自由贸易协定对价值链贸易的好处就要比对传统贸易的好处来得多。东亚区域内价值链贸易增速领先全球,2017年已达到1.5万亿美元。ADB的报告强调,RCEP的实施将有助于较小的经济体进一步融入区域内价值链。② 到2030年,RCEP将为所有成员国的GDP贡献0.6%,即2450亿美元,同时还将增加280万个工作岗位。③ 世界银行认为,原产地规则可能会鼓励对上游产业的投资,并使各成员国的出口更多地依赖区域供应链。通过融入地区生产链,RCEP成员的总出口将增长5.2%,其中出口增速快的几个行业是肉类(16.3%)、旅游(15.7%)和贸易(10.5%),进口增长快的部门包括服装(10.2%)、纺织品(8.8%)和食品饮料(7.5%)。④

RCEP是一份没有美国参与的自由贸易协定。对此,美国舆论的一项典型看法是,RCEP将使中国处于更好地塑造地区贸易规则的位置,广泛影响美国在该地区的商业活动和战

---

① 崔凡:《〈区域全面经济伙伴关系协定〉原产地累积规则辨析》,《上海对外经贸大学学报》2021年第4期。

② Asian Development Bank, *The Regional Comprehensive Economic Partnership Agreement: A New Paradigm in Asian Regional Cooperation?* May, 2022, p. 10.

③ Asian Development Bank, *The Regional Comprehensive Economic Partnership Agreement: A New Paradigm in Asian Regional Cooperation?* May, 2022, p. 4.

④ Carmen Estrades, Maryla Maliszewska, Israel Osorio-Rodarte and Maria Seara e Pereira, *Estimating the Economic and Distributional Impacts of the Regional Comprehensive Economic Partnership*, World Bank, Policy Reserch Working Paper, No. 9939, February 2022.

略利益。① 2017年年初，特朗普就任美国总统之后立即宣布美国退出TPP，同时也不参加RCEP，这似乎印证了美国彼得森国际经济研究所所长亚当·波森的观点——过去20年来美国一直在缩小参与经济全球化的力度。② 彼得森国际经济研究所的一项实证研究表明，美国从东亚撤退的成本是十分高昂的，至2030年，RCEP将为世界经济增加1860亿美元的收益，而日本引领的CPTTP将为全球经济增加1470亿美元，两者合计大体上接近中美贸易摩擦造成的全球经济损失。因此，15国之所以达成规模史无前例的自由贸易协定，很重要的原因是对美国挑起对华贸易摩擦的担忧。从RCEP成员国来看，这项协议最大的获益方是中国、日本和韩国，未来十年的经济收益将分别达到850亿美元、480亿美元和230亿美元。其主要原因是中日之间通过多边主义的方式第一次缔结了自由贸易协定。同时，印度尼西亚、马来西亚、泰国和越南也是重要的获益方。③

欧洲看待RCEP的观点，在地缘政治意义上几乎和美国一样。例如，欧洲智库布鲁盖尔（Bruegel）的一份报告认为，RCEP意味着特朗普政府将中国孤立并试图使中国与全球价值链

---

① Cathleen D. Cimino-Isaacs and Michael D. Sutherland, "The Regional Comprehensive Economic Partnership: Status and Recent Developments", November 19, 2019, Congressional Research Service, https://crsreports.congress.gov/product/pdf/IN/IN11200/1; Reuters, "Asia Forms World's Biggest Trade Bloc, a China-backed Group Excluding U. S.", Nov 15, 2020, https://www.cnbc.com/2020/11/15/asia-forms-worlds-biggest-trade-bloc-excluding-us.html.

② Adam S. Posen, "The Price of Nostalgia: America's Self-Defeating Economic Retreat", *Foreign Affairs*, Vol. 100, No. 32021, pp. 28 – 43.

③ Peter A. Petri and Michael G. Plummer, *East Asia Decouples from the United States: Trade War, COVID-19, and East Asia's New Trade Blocs*, June 2020, https://www.piie.com/system/files/documents/wp20 – 9.pdf.

隔绝这一战略的失败。① 法国雅克·德洛尔研究所高级研究员埃尔维尔·法布里也认为，该协议的影响主要是地缘政治方面的，RCEP标志着美国在开放贸易方面的领导地位的终结。②

不过，与美国的看法略有不同的是，RCEP在经济上对欧盟的影响比较复杂。例如，布鲁盖尔的上述报告指出，尽管美国智库的研究认为欧盟是RCEP的净收益者，未来十年将提升欧盟经济总量的0.1%，但是，这种收益仍面临着欧盟出口商被区域内出口商替代的风险。欧盟与日本、韩国、越南分别签署了双边贸易协定，但是，对其他成员的出口仍将被课以高关税，因而存在着贸易转移的风险。与此同时，从该地区进口中间产品的欧洲公司将会获益。法布里则认为，世界经济重心已经向亚洲转移，近年来欧洲显著加强了与印太地区的经济联系，但这种联系却又面临着对中国的中心地位的挑战。一旦中国抓住了印太地区爆炸式增长的中等收入人口的胃口，那么欧盟有可能沦为二流的经济体。为此，欧盟应该发挥自身作为规则制定者的优势，尽快在社会保护、环境、知识产权、数据传输、对外援助等方面和区域内更多的成员国制定更高标准的规则。从更务实的角度看，也许欧盟驻东盟大使伊戈尔·德里斯曼斯的看法更具有说服力。德里斯曼斯认为，RCEP代表着全球赞成自由贸易和推崇贸易规则的力量，欧盟仍在研究RCEP协定的细

---

① Uri Dadush, "The Impact of the New Asian Trade Mega-deal on the European Union", November 19, 2020, https：//www.bruegel.org/2020/11/the-impact-of-the-new-asian-trade-mega-deal-on-the-european-union/.

② Elvire Fabry, *RCEP*：*The Geopolitical Impact from A New Wave of Economic Integration*, December 2, 2020, https：//institutdelors.eu/wp-content/uploads/2020/11/BP_201202_RCEP_Fabry_EN.pdf.

节，目前还很难量化欧盟的利益，但该地区致力于取消贸易限制的行动对欧洲公司总体上是有利的。下一步欧盟的重点是加速与东盟国家缔结双边自由贸易协定。①

与美国、欧洲相比，区域内成员国对 RCEP 的评价要高得多。例如，柬埔寨首相洪森认为 RCEP 是开放、包容和基于规则的贸易体系的典范，RCEP 为地区内国家提供了捍卫贸易自由化和促进经济一体化的机会，而这被认为是后疫情时代经济复苏的关键所在。② 亚洲开发银行的一份报告认为，2021 年，新冠疫情造成东南亚地区 470 万人陷入极端贫困。但是，总体而言，"东南亚将从新冠大流行中崛起"。这种经济复苏首先源于经济结构调整，即农业部门接纳了原来从事旅游业的工人，建筑业有诸多基建项目可做，制造业则积极回应国际需求，信息技术产业也因疫情后的数字经济发展迎来良好机遇。其次是国际贸易的推动。即便在疫情期间，马来西亚、新加坡、泰国和越南在出口方面也很强劲，这主要得益于世界其他地区对个人防护品、电子产品和其他方面在家工作的产品的需求增加。还有一项因素是一部分中国流出的生产和组装环节为马来西亚、泰国和越南提供了更多机会。③ 对整个东南亚来说，RCEP 的生效预示着比疫情之前更加一体化的区域价值链。而且，东南亚通过参与地区价值链为其他地区提供防疫物资也被证明十分有

---

① AFP, "Exclusive: A European Union Perspective On RCEP", 30 November 2020, https://theaseanpost.com/article/exclusive-european-union-perspective-rcep.

② Xinhua, "RCEP Best Example of Open, Inclusive, Rules-based Trading System: Cambodian PM", 2022 – 05 – 27, https://www.chinadaily.com.cn/a/202205/27/WS62906a93a310fd2b29e5f6a1.html.

③ Asian Development Bank, *Southeast Asia Rising from the Pandemic*, March, 2022, pp. 4 – 6.

效,这进一步证实了世界贸易组织和世界银行的观点,即国际贸易有助于各方获得医疗产品和服务,在应对新冠疫情中发挥了关键作用。①

除了降低关税和消除非关税壁垒创造的贸易效应之外,RCEP 也通过区域投资和数字经济促进疫情后的经济复苏。② 在新冠疫情暴发前,RCEP 成员之间的直接投资达到 1220 亿美元,高于 CPTTP 和 NAFTA 内的投资。与一般的自由贸易协定或投资协定不同,RCEP 并不要求投资者满足当地成分比例或技术转让等要求后才能进入市场。随着 RCEP 的实施,可以预料区域成员国之间的相互直接投资也会增长。在数字经济方面,RCEP 采取的措施与目前欧洲、美国等正在涌现的规则有很大的差异,各成员国就信息通信技术驱动的贸易便利化措施、数据自由跨境流动以及宽松的数据本地化措施达成了一致。学界的最新研究也表明,电子商务有助于减轻新冠疫情对国际贸易的负面影响,促进全球经济增长。③

三 中国地方积极参与 RCEP

正如各方都注意到的,RCEP 的多数成员国之间已经缔结多

---

① World Bank and World Trade Organization, *Trade Therapy: Deepening Cooperation to Strengthen Pandemic Defenses*, Washington, DC: World Bank, 2022.

② Cyn-Young Park, Sanchita Basu-Das and Pramila Crivelli, "Three Areas Where RCEP May Help the Region's Post-Pandemic Recovery", 22 November 2021, https://blogs.adb.org/blog/three-areas-where-rcep-may-help-region-s-post-pandemic-recovery.

③ Kazunobu Hayakawa, Hiroshi Mukunoki & Shujiro Urata, "Can E-commerce Mitigate the Negative Impact of COVID-19 on International Trade?" *The Japanese Economic Review*, 2021, doi: 10.1007/s42973-021-00099-3.

个双边自由贸易协定，那么在使用原产地规则时就容易出现"面条碗效应"。一家出口企业在选择适用于哪一个自由贸易协定时，将取决于产品的范围、关税减免的程度以及是否容易遵守原产地标准。因此，在评估 RCEP 的自由贸易效应时，很重要的一项行动是看各国是否遵守原产地规则以及相关程序。在 RCEP 生效之后，中国各个地方政府很积极地向企业宣传，并落实 RCEP 的原产地规则。RCEP 已经生效半年，我们也可以进一步观察中国地方政府是如何协助各地企业将协定从文本转化为实践的。

在 RCEP 谈判接近尾声前的半年，中国政府首次对外公开表示要推动构建以国内大循环为主体、国内国际双循环相互促进的新发展格局。按照中国经济学家余永定的解读，新发展格局"本质上是对改革开放初期中国所确立的发展战略的调整"。① 改革开放以来，凭借劳动力优势，中国沿海省份率先融入国际经济体系、参与国际大循环，国际贸易和投资发挥了巨大的作用。2008 年国际金融危机后，由于国际需求大幅度萎缩，中国外贸占 GDP 的比重从 2007 年的 61.8% 逐年下降至 2020 年的 31.8%。然而，这并不是说，对外贸易对中国经济增长可有可无了，而是出口的重要性有所下降，进口的地位更加突出。中国货物进口额从 2008 年的 1.1 万亿美元增长至 2020 年的 2.1 万亿美元，为世界创造发展红利的动力更加强劲。需要注意的是，中国东部沿海 7 个省市——广东、江苏、上海、浙江、北京、山东和福建——合计货物贸易总额达到 3.2 万亿美元，约

---

① 余永定：《"双循环"和中国发展战略的调整》，《中国经济报告》2021 年第 5 期。

占全国的75.6%。① 如图1所示，以外贸依赖度——进出口总额占GDP的比例计算，只有7个省市的外贸依赖度高于全国平均水平，而中西部地区的外贸依赖度普遍不足20%，甚至有8个省份不到10%。

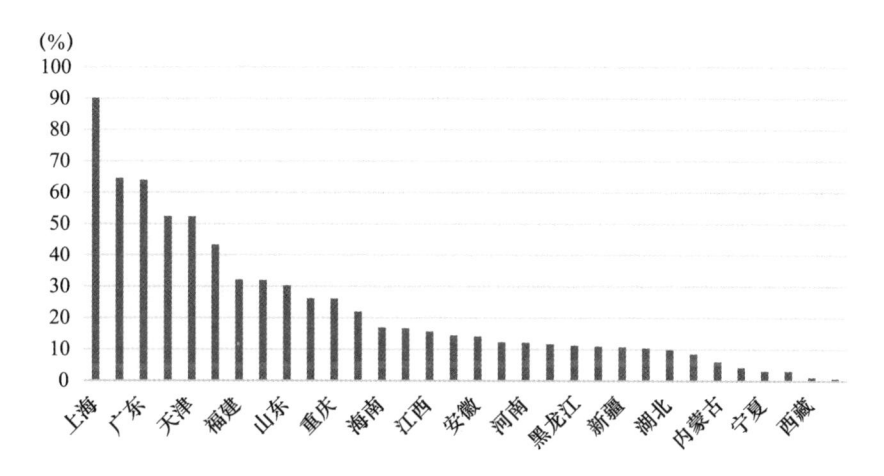

图1　中国各省市自治区的外贸依赖度（2020年）

资料来源：中国国家统计局。

很显然，中国沿海省份和中西部地区并不处于同一个发展阶段。以人均收入衡量，很多中国沿海地区已经是高收入经济体，而中西部地区不少地方仍属于中低收入经济体，个别省份甚至与RCEP的一些成员国处于同一个发展水平。因此，真正需要讨论的问题是，在中国发展战略调整的背景下，参与RCEP如何进一步提升中西部地区的发展能力。有研究基于区域可计算一般均衡模型发现，RCEP对中国不同区域的经济影响截然不同，华东及南部沿海地区的促进效应更为明显，劳动力进一步

---

① 数据来自中国国家统计局官网，http://www.stats.gov.cn/tjsj/ndsj/。

向东南沿海区域移动,将加速"孔雀东南飞",各区域应"因区制宜",出台不同的应对措施。① 如果中国经济中比较落后的地区也能迅速从 RCEP 中获益,那么我们也有理由相信 RCEP 同样有助于中低收入经济体和低收入经济体获益,从而推动以人民为中心的发展。

在 RCEP 生效百日之际,商务部国际司负责人的初步判断是,全国各地和广大企业对该协定反响热烈,RCEP 为外贸"开门红"提供了重要支撑,对区域贸易的促进作用已初步显现。前两个月,中国与 RCEP 国家进出口总额达 2900.7 亿美元,同比增长 12.7%,与东盟、日本、韩国、澳大利亚、新西兰进出口同比增长 13.1%、7.2%、17.5%、6.0%、22.8%。② 前四个月,中国与 RCEP 成员国进出口总额为 6032.7 亿美元,同比增长 6.3%。其中与东盟的贸易额达到 2892.7 亿美元,同比增长 9.4%。与韩国的贸易额达到 1201.7 亿美元,同比增长 10.6%。颇令人意外的是,与日本的贸易额为 1177.3 亿美元,同比增长 -0.5%。③ 按照一些实证研究的推断,原本预期 RCEP 生效后中日双边贸易会有较大的发展。一种可能的解释是 4 月外贸受到疫情、汇率等因素影响,全国外贸同比仅增长 0.1%。④

---

① 张恪渝、周玲玲:《RCEP 对中国经济及其区域内部的影响分析》,《国际贸易》2021 年第 11 期。

② 商务部国际司:《RCEP 实施百天 政策红利初显》,《国际商报》2022 年 4 月 11 日。

③ 数据来自《2022 年 4 月进出口商品主要国别(地区)总值表(美元值)》,2022 年 5 月 9 日,海关总署网站,http://www.customs.gov.cn/customs/302249/zfxxgk/2799825/302274/302275/4334942/index.html。

④ 《前 4 月进出口增长 7.9% 全年外贸考验"保稳提质"》,《北京商报》2022 年 5 月 10 日。

从贸易层面看，中国中西部地区省市与 RCEP 生效国家的贸易额也在迅速增长。例如，2022 年第一季度，广西与 RCEP 成员国贸易额达 442.2 亿元，占广西全区对外贸易总额的 43.7%。为进一步利用好 RCEP 政策，广西还出台了进出口 RCEP 零关税优势商品清单、优势产业货物贸易降税清单。① 第一季度，宁夏与 RCEP 成员国进出口达 14.87 亿元，占全区外贸总值的 27.8%，同比增长 54.5%，共有约 3800 万美元的进出口货物享受 RCEP 协定关税优惠。② 前四个月，兰州海关签发 RCEP 出口原产地证书 41 份，货值超 2600 万元，出口企业享受进口国关税减让约 150 万元。③ 前四个月，江西省与 RCEP 国家进出口 647.1 亿元，同比增长 44.8%。5 月 1 日起，RCEP 对缅甸正式生效。江西第一批出口缅甸享受协定关税优惠的货物是医疗器械。④

同样，区域内成员多数也对进入中国市场充满期待。2022 年 3 月 18 日起，RCEP 在马来西亚正式生效。自 2009 年起，中国一直是马来西亚最大的贸易伙伴。马来西亚驻广州总领事马振财表示，通过加入 RCEP，马来西亚将以更具竞争力的价格在区域内采购原材料，更紧密地融入地区供应链。作为出口导向型经济体，马来西亚部分行业将面临更激烈的进口竞争，但大

---

① 《广西与 RCEP 成员国进出口贸易超 440 亿元》，《中国经济导报》2022 年 4 月 26 日。

② 《银川海关助力宁夏超 3800 万美元货物享惠》，《银川日报》2022 年 4 月 21 日。

③ 《前 4 月兰州海关签发 RCEP 出口原产地证书 41 份》，《甘肃经济日报》2022 年 5 月 19 日。

④ 《江西首份对缅甸 RCEP 原产地证书签发》，《中国国门时报》2022 年 5 月 17 日。

部分人可以从经济效率更高、区域一体化程度更高的供应链中获益。特别是，未来一个阶段，中国与马来西亚贸易中增长较快的产品类型包括机电设备、钢铁、光学医疗器械、铝制品和橡胶制品等。① 显然，这些产品多数与防疫物资密切相关。世界银行2022年2月发布的报告曾预测，越南和马来西亚将成为RCEP成员国中收入和贸易增长最快的两个国家。② 越南政府高度重视RCEP落实问题，并且也同意世界银行报告的预测，认为该协定有助于巩固疫后区域供应链稳定和经济复苏。而且，随着协定的实施，越南的市场将进一步扩大，通过更好地进入中国市场，越南的制造业，特别是服装、纺织业和电气设备等行业的生产率将有很大的提高。③

四 结论

在世纪疫情的冲击下，经济全球化进一步受挫。国际货币基金组织不断调低对全球经济增长前景的预测。与发达国家相比，发展中国家在财政能力、卫生健康保障以及互联网发展等方面更为薄弱，接种疫苗进展远远落后于发达国家，低收入国

---

① 《RCEP正式生效 马来西亚将从区域一体化程度更高的供应链需求中获益》，《21世纪经济报道》2022年3月21日。

② Carmen Estrades, Maryla Maliszewska, Israel Osorio-Rodarte and Maria Seara e Pereira, *Estimating the Economic and Distributional Impacts of the Regional Comprehensive Economic Partnership*, World Bank, Policy Reserch Working Paper, No. 9939, February 2022.

③ "Vietnam to Get Highest Trade, Income Gains Among RCEP Members: WB", February 23, 2022, https://en.vietnamplus.vn/vietnam-to-get-highest-trade-income-gains-among-rcep-members-wb/222521.vnp;《越南抓紧落实协定内容》，《经济日报》2022年5月5日。

家和中低收入国家的疫苗接种比例分别为12.0%和48.4%，远远低于高收入国家和中高收入国家的73.2%和72.6%。发展中国家的疫情更加严峻，面临着更大的发展挑战，经济增长转弱、贫富差距扩大、社会安全隐忧加大。在这样一种背景下，中国领导人提出了"全球发展倡议"，呼吁国际社会关注发展中国家面临的困境，并且寻求一种以人民为中心的可持续发展。

在帮助推进"全球发展倡议"时，2022年1月开始生效的RCEP具有重大作用。RCEP首先致力于降低关税，同时结合亚洲的特色，分阶段、分国别实施关税减让，在贸易的引导下，成员国中的中低收入国家的经济结构将进一步改善，服装、纺织业以及电器设备等制造业的发展获得更大机遇。RCEP还创造性地提出了原产地累积规则，使各成员国的出口更多地依赖区域供应链，扩大区域内的投资。此外，RCEP在数字经济规则上也不同于美欧，而是致力于推动数据的自由流动，这也有助于克服疫情的影响。世界银行的估算表明，至2035年，地区生产总值增长2.5%，最终可能使地区内增加2700万中等收入人口。亚洲开发银行预测，到2030年，RCEP将为所有成员国的GDP贡献2450亿美元，同时还将增加280万个工作岗位。此外，世界贸易组织也认为，RCEP有助于各方获得医疗产品和服务，从而帮助各国应对新冠疫情实现经济复苏。

与地区内国家以积极的心态看待RCEP不同，美欧不仅担心RCEP对美欧企业造成负面影响，更担心美国失去主导亚太地区经贸规则制定的权力。有的人甚至认为RCEP预示着美国引领自由贸易时代的结束，中国开始主导地区经贸规则，在经济上中国是RCEP的最大获益者。然而，世界银行的报告显示，越南、马来西亚等东盟国家将获得更快速的增长,特别是越南的制造业发展机遇更好,带动更多女性就业,进一步促进共享发展和性别平等。RCEP原产地规则发挥效力,需要各方认真遵守规则并积极落实各项规则。在新发展格局的引领下,中国地方政府极为重视RCEP。2022年1—4月,中国与RCEP成员国的贸易额已超过6000亿美元,其中3/4为东部沿海省市完成。但从增速看,中西部地区更快,个别省份的同比增速甚至超过50%。并且,与模型预期不同的是,中日贸易增速同比负增长,这主要是日本宏观经济波动所致。因此,从RCEP实施进程看,中低收入国家(地区)从开放发展中获得的好处不少,这也意味着RCEP有助于实现"全球发展倡议"。

第 二 编

减贫与包容发展

面向消除全球贫困目标强化中国国际减贫合作

檀学文[*]

摘　要： 消除贫困是困扰全球发展的突出难题，习近平主席提出的"全球发展倡议"将减贫放在重点合作领域首位，契合发展中国家的迫切需求，顺应各国人民对美好生活的向往。世界银行为发展中国家制定的反贫困"三支柱"战略存在内在缺陷。中国消除贫困的经验显示，应将"三支柱"战略调整为"四支柱战略"，即以专项反贫困行动为第四支柱，同时对第一支柱做适当调整。基于"四支柱"战略以及中国自主脱贫经验，应重塑以发展中国家为中心，自主发展、多边国际合作框架下的减贫国际合作新思路。本文提出消除贫困国际合作的五条原则，以及中国在这些原则下深入参与减贫国际合作的五条建议。

关键词： 消除贫困；中国经验；反贫困战略；多边国际合作；南南合作

---

[*] 中国社会科学院农村发展研究所研究员、中国社会科学院贫困问题研究中心秘书长。

"全球发展倡议：加快落实2030年可持续发展议程，推动实现更加强劲、绿色、健康的全球发展"提出：要将消除贫困作为落实2030年议程的优先领域。本文主要探讨如何在南南发展合作框架下深化中国与国际社会的减贫合作，更加实质性地推动实现2030年消除贫困目标。2020年，中国在受到新冠疫情影响的情况下，继续采取超常规扶贫行动，如期完成了消除农村贫困的历史性任务。考虑到2020年中国人均GDP已经达到10431美元（2015年美元不变价，下同），实现消除贫困目标似乎并不意外。中国经济增长模式有很强的益贫性，但是经济增长并非消除贫困的充分条件。中国在过去的五年里实施了超常规的脱贫攻坚战才取得了已有的脱贫成果，这表明中国最后阶段的绝对贫困具有特殊顽固性，与其人群特征、地域分布甚至历史因素都有联系。很多国家可能都存在经济增长益贫性和贫困特殊性这样的双重问题。例如，2020年，越南和埃塞俄比亚人均GDP分别为2656美元和827美元，贫困发生率已经分别降至1%和7%，减贫效果相对于其经济来说非常可观。与其相反的是，尼日利亚人均GDP只比越南低200多美元，但是贫困发生率高达39%；巴西人均GDP超过8000美元，但是仍有4%的贫困发生率。各国差异很大的增长和减贫进程意味着调整经济发展模式和实施反贫困战略都是必需的。中国发展历程不仅对此予以了验证，而且在利用包容性增长机会、不断调整反贫困战略和政策方面都具有独特的经验可资借鉴。考虑到各国国情的独特性和发展自主性，借鉴别国成功经验应当在自主发展、南南合作的框架思路下展开。本文对此进行论述，并相应地提出中国开展对外减贫合作的对策建议。

一 在发展进程中消除贫困的中国经验

中国贫困的减少是从改革开放开始起步的。按世界银行标准,[①] 1980 年中国贫困发生率为 89%,2016 年下降至 0.5%。按中国现行贫困标准,[②] 1978 年中国农村贫困发生率高达 97.5%,2020 年下降为 0。中国 43 年消除绝对贫困历程表明,中国选择的是一条立足国情、坚持以人民为中心的发展思想、不断完善共享发展战略的综合减贫道路,以快速发展经济和带动转移就业、完善农村集体所有制并发展村级集体经济、实施农村专项扶贫、建立农村社会保障制度等多种方式共同完成消除贫困任务。从国际比较和互鉴角度,中国消除贫困的经验可以归纳为七个方面。

(一) 推动持续、包容的经济增长,作为主导性减贫途径

中国在 1978 年开始实行改革开放,其目的就是消除生产力发展的制度性障碍,通过发展经济来改善人民的生活水平。改革开放既是对过去 30 年发展滞后的深刻反思,也是中国高层考察国际社会和开展国际交流的结果。从根本上说,社会主义制度需要而且能够比资本主义更有利于生产力的发展,否则就存在制度悖论,也无法长期持续。[③] 中国从农村改革起步,提高农业生产力,解放农村劳动力,通过发展乡镇企业和沿海城市对

---

① 世界银行现行绝对贫困标准为按 2011 年购买力平价每人每天 1.9 美元。
② 中国现行贫困标准为按 2010 年不变价家庭人均年纯收入或消费 2300 元。
③ 《邓小平文选》第 3 卷,人民出版社 1993 年版,第 62—66 页。

外开放，快速发展起符合中国比较优势的劳动密集型经济。① 以不同的贫困标准以及时间段进行估计，中国经济增长均有低至0.5、高至2以上的减贫弹性。② 由于初期农村几乎普遍贫困，所以农业发展、劳动力转移就业几乎都具有减贫效应。如今，全国有2.9亿农民工和3.8亿流动人口，工资性收入成为农村居民收入结构中最重要的部分，大量过去的贫困人口依靠外出务工就业实现脱贫以及维持不返贫。从任何意义上说，不间断的包容性经济增长（奇迹）都是中国最为主导性的减贫途径。对其他发展中国家来说，在开放经济格局中找到自己的有利定位，充分发挥比较优势实现经济增长，这是消除贫困的前提条件。

（二）由政府承担消除贫困最终责任并将其纳入经济社会发展总体战略

世界上大多数国家都制定了反贫困战略，并实行反贫困政策，很多发达国家也是如此。不过这并不代表各国政府都是由自己承担主要责任，而是起制定战略、规则和提供政策工具以及预算等作用，很多反贫困措施往往由社会组织或政府机构作为常规措施来实行。中国的一个鲜明特色是由政府③承担反贫困主导责任和消除贫困最终责任，并通过将其纳入经济社会发展总体战略的方式加以落实。中国共产党对于重大的经济社会发

---

① 林毅夫、蔡昉、李周：《中国的奇迹：发展战略与经济改革》（增订版），格致出版社2014年版。

② 汪三贵：《中国40年大规模减贫：推动力量与制度基础》，《中国人民大学学报》2018年第6期。

③ 本文所指中国政府是广义的，包括中国共产党的领导体制和人民政府的行政体系，相当于state之义。

展事务都进行直接领导,并由人民政府去落实,反贫困就是其中的一项。中国政府1981年开始进行局部的反贫困试验,1986年建立国务院的扶贫工作机构,1994年制定第一个国家扶贫规划,1995年召开第一次中央扶贫开发工作会议。随后中国又陆续召开了数次党中央和国务院的扶贫工作会议,分别在2001年和2011年制定扶贫开发十年规划。历次扶贫专项规划的主要内容都被写入国民经济和社会发展五年规划。消除贫困从1994年起成为中国反贫困行动的指导思想,2011年成为直接目标,2015年成为可分解、可落实的目标任务。所有这些都表明,中国的"有为政府"在消除贫困问题上得到了鲜明体现。这也许并不是各国政府都能够效仿,但是它们应当反思,如果政府不主动承担主要责任,如何才能凝聚起足够的反贫困力量,如何才能对消除贫困目标负责。

(三) 坚持实行专项反贫困行动

中国政府承担反贫困主体责任的一个具体举措是在改革开放后不久就组织开展专项反贫困行动,具体体现在以下几个方面。一是划定贫困地区作为扶贫工作的重点区域,包括贫困片区、贫困县、深度贫困地区等;二是在有扶贫任务的地区自上而下普遍设置扶贫机构,包括扶贫开发领导小组、扶贫办(扶贫局),有的地方还有移民局、水库移民局等;三是探索实施专项反贫困措施,如产业开发、生态搬迁、以工代赈、贴息贷款和小额信贷、整村推进、劳动力转移、科教培训等;四是多渠道筹集扶贫资金,包括财政预算、政府投资、优惠贷款、社会捐助等,各类资金都随着时间推移大幅度增长。当然,中国的反贫困主体并不只是各级政府。各相关政府部门都在其职权范围内承担相应的扶贫责任，如教育部负责教育扶贫，农业部负责产业扶贫等。按照全国一盘棋思路，东部发达地区与西部贫困地区结成对子，实施扶贫协作。既是援助，也期望形成长期合作双赢的局面。这些都可以视为扩展的或复合性的政府反贫困行动。

（四）坚持扶贫创新和逐步调整扶贫战略

由于各国国情不同，尽管世界银行等国际组织非常早地参与到中国反贫困实践中来并提供了很多建议，但是中国政府坚持了"以我为主"的原则。这也就意味着，由于我们几乎是零基础，尽管国际经验提供了很好的参考，但还是要从基层实践中从头开始摸索。从20世纪80年代中期以来的重要扶贫文件、规划、领导讲话中可以看出，中国从一开始就基本形成了以发展经济为主、重点培养贫困地区的经济发展能力、培育贫困农户的科技文化素质的扶贫思路。但是在能力、财力、经验严重约束的情况下，如何落实这种扶贫思想则需要进行探索和创新。在"三西"农业开发试验的基础上，中国扶贫战略大体上经历了从区域扶贫向个体扶贫、从地区经济开发向更具瞄准性的产业化扶贫、从支持企业向支持贫困社区和农户、从专注于经济问题向更加综合的能力和基本生活保障等转变。反贫困行动的主导权也从省逐步下放到县，到后来村级也有了相当大的自主性。在较低贫困标准之下，针对剩余贫困人口及时建立了较低水平但覆盖面广、可支付性强的农村社会保障体系。逐步提高贫困标准，使扶贫能力和任务相一致也是符合国情的。随着扶贫标准提高到超过世界银行标准的现行标准，中国的贫困规模在2012年扩大为9899万人，后来国家重新制定了"五个一批"精准脱贫战略。扶贫创新之所以是必要的，是因为每个国家有独特的国情、有不同的阶段性特征，再好的国际经验也需要因时因地制宜。

（五）坚持提高贫困地区和贫困人口的自我发展能力

提高欠发达地区和贫困人口的自我发展能力是发展经济学的基本原理，这种能力的结果可以体现为"自生能力"，即不依赖外部救助而能够自行发展，当然那些生态补偿、制度性社会福利除外。提高扶贫对象自我发展能力的手段在国际上并不鲜见，包括众所周知的有条件转移支付计划、劳动力培训等，有些扶贫计划和理论中也将资产建设、金融可获得性视为能力建设的一部分。经过40多年的扶贫开发，中国形成了从地区到个人完整的提升自我发展能力的扶贫措施，基本消除了外部条件和基本能力限制。在农户和个人层面的主要措施包括：确保适龄儿童完成义务教育，为劳动力提供技能培训，确保家庭人口获得基本医疗保障，为外出就业提供信息支持等。在村庄和地区层面的主要措施包括：普及达到基本标准的基本医疗、义务教育和学前教育等公共服务设施，修建通村公路，为贫困村开通生产用电、通信网络、物流等基础设施，发展普惠金融以及扶贫小额信贷等。可见，根据本国国情制订相对完整的贫困地区和贫困人口能力提升计划并分阶段实施，应该成为一个合理可行的建议。

（六）适时开展精准扶贫和扶贫攻坚战

美国政府曾在 20 世纪 60 年代向贫困宣战，他们面对的是更高标准下的国内贫困，至今贫困标准仍高达 10% 以上。中国在历史上开展了两次扶贫攻坚战，攻克的是固定标准下最后阶段的贫困陷阱，第一次是 1996—2000 年的"八七扶贫攻坚战"，第二次是 2016—2020 年的"脱贫攻坚战"。[①] 扶贫攻坚战是减贫困难和消除贫困目标发生冲突时的产物，是政府信守扶贫承诺的体现，包含大量的扶贫创新、大规模扶贫投入的增加以及显著的脱贫效果。在脱贫攻坚战阶段，为了实现"一个都不掉队"的承诺，中国从 2014 年起开始实行精准扶贫，找出每一个贫困户并进行登记，按照家庭特征提供相应的扶贫措施，脱贫前需要进行考核验收，直至符合脱贫标准。中国的脱贫标准除了收入要达标外，还要实现"两不愁、三保障"，包括基本生活条件和基本公共服务两个方面，通常情况实际生活水平要明显高于贫困标准。通过精准扶贫，一方面确保扶贫的针对性和脱贫的有效性，另一方面确保贫困户无遗漏，这对中国兑现消除贫困承诺是不可缺少的。对其他发展中国家来说，在减贫的最后阶段，例如贫困发生率下降到 10% 左右时，将消除贫困由政治宣示转变为政府行动是值得考虑的。

---

① 具体情况可分别参考 2001 年发布的《中国农村扶贫开发》白皮书（https：//news. sina. com. cn/c/2001 - 10 - 15/378714. html）和 2021 年发布的《人类减贫的中国实践》白皮书（http：//www. scio. gov. cn/zfbps/ndhf/44691/Document/1701664/1701664. htm）。

（七）实行政府主导下的国际合作与全社会参与

中国政府从事扶贫开发主要依靠中国自己的力量，并由政府承担主要责任，但是反贫困又是中国最早参与对外开放、接受国际援助和合作的重点社会领域。1980年4月，世界银行代表团就来到北京。邓小平接见了代表团并明确表示：中国需要世界银行的帮助来追赶世界，没有世界银行中国也可以做到，但是有了帮助可以做得更快更好。可以说，这成为中国扶贫全方位接受国际援助和合作的指导思想。[①] 世界银行在中国实施西南、秦巴、西部三期扶贫贷款项目，援助总规模达6.1亿美元，覆盖800多万贫困人口。其中西南世界银行贷款项目于1995年7月开始在云南、贵州、广西三省（区）最贫困的35个贫困县实施，利用世界银行贷款2.475亿美元，国内配套资金21.8亿元，建设内容包括大农业、基础设施、二三产业开发、劳务输出、教育卫生、贫困监测等。在这个过程中，中国学习了许多有益经验，有些问题是双方协商解决，还有一些成功做法被世界银行采纳并在其他地区推广。因此，这是立足国情、相互尊重、平衡协商的成功合作案例。除了接受国际组织援助，社会力量参与反贫困也必不可少。在中国，早期有大量的国际非政府组织、境外慈善机构和人士参与中国农村扶贫，本土社会组织大量发展起来，依托政府的半官方社会组织利用资源优势发挥了独特作用，企业和居民也被动员起来参与扶贫济困行动。因此，中国消除贫困也是对外开放和全社会协作的成果。欠发

[①] 林毅夫、王燕：《超越发展援助——在一个多极世界中重构发展合作新理念》，北京大学出版社2016年版，第92页。

达国家接受的国际援助可能更多，但是也常常面对援助失灵困扰，因此对他们来说还是要回到如何自主发展以及发挥政府主导作用上来。

二 从"三支柱"战略到"四支柱"战略

中国农村贫困的消除，是在可持续且具有包容性的经济增长、建立社会保障体系以及专门的农村反贫困行动的共同作用下实现的。大多数情况下，无论采取何种形式和强度的反贫困行动，这也应当是发展中国家消除贫困的一个基本"公式"。世界银行曾在对20世纪60年代以来的各国反贫困经验进行总结的基础上，提炼出一个2030年消除世界贫困的"三支柱"战略。本文认为，中国减贫经验与"三支柱"战略模型有较高的吻合度，但是中国经验更加突出了发展减贫思想，因此可以基于中国经验对"三支柱"战略加以适当改进。

（一）反贫困"三支柱"战略

世界银行在《1990年世界发展报告》中首次总结了过去30年行之有效的"两支柱"战略，并提出了"两型半"战略建议。[①] 所谓的"两支柱"战略，是指20世纪六七十年代以来一些快速增长和成功减贫的经济体在减贫方面都有两条相似的经验：一是确保最有效地利用穷人最丰富的资产——劳动力的经济发展模式，即所谓的益贫性增长或包容性增长；二是为穷人提供基本公共服务，包括基础教育、基本医疗、计划生育等，

---

① World Bank, *World Development Report* 1990, Oxford University Press, 1990.

以促进其人力资本投资。第一类措施提供机会，第二类措施提供抓紧机会所需的能力，所以它们是相辅相成的关系。例如，马来西亚和印度尼西亚是两方面都做得好的成功范例，巴西在增长方面成功而人力资本投资方面不足，斯里兰卡则正好相反。

针对"两支柱"战略的不足以及20世纪90年代前后世界的反贫困形势，《1990年世界发展报告》提出，在快速经济成长时期，增长与人力资本投资主要促进的是有正常劳动能力的贫困人口的脱贫。但是世界上已经出现了一部分无法依靠经济发展脱贫的穷人，包括病人、残疾人、老年人、生活在资源匮乏地区的人等。他们需要获得良好瞄准的转移支付和社会安全网措施才能摆脱贫困，这被视为对前两类措施的"补充"，这也是所谓"两型半"的含义。① 实际上，后者针对的是没有自我生计能力、脆弱的那一类人群。

2015年9月25日，联合国可持续发展峰会正式提出2030年17项可持续发展目标，其中第一项就是消除任何形式的贫困。2016年，世界银行发表了一项政策研究报告。其指出进入21世纪以来，虽然越来越多的人脱贫，但是很多脱贫人口面临着经济、气候、健康等风险导致的返贫风险。为了真正实现2030年消除贫困目标，社会安全网措施在反贫困战略中的地位有必要从"补充"角色提升为必要支柱之一，即"三支柱"战略。② 进入21世纪以来，世界并不太平，经济、政治、军

---

① 本文使用的中文术语考虑了汉语表达习惯，原文中"两支柱""两型半""三支柱"分别是"two-parts""two-and-a-half-point""three-point"，特此说明。

② Indermit S. Gill, Ana Revenga, Christian Zeballos, "Grow, Invest, Insure: A Game Plan to End Extreme Poverty by 2030", World Bank WPS 7892.

事、气候、卫生、社会等危机四伏，这些都验证了社会保护对减贫和防止返贫的必要性。2019年以来全球新冠疫情大流行所导致的贫富分化，以及2022年以来的俄乌军事冲突所伴随的粮食和能源安全危机，更是凸显了这项研究建议的先见之明。

（二）"三支柱"战略的缺陷

世界银行"三支柱"战略的理论基础是一个潜在的新古典主义经济模型。一方面，它认为一个良好运作的市场经济体系将是足够有利于贫困劳动力就业和脱贫的，从而经济增长政策要点在于投资农业基础设施、帮助小农户获得资产、土地制度改革、取消劳动力流动限制、促进贸易、打通城乡联系障碍等。出于分类指导目的，该建议将发展中国家分为农业为主、转型、城市化三种类型。人力资本投资政策的协同作用在于，经济体系的提升需要更多合格的劳动力，而人力资本提升也有利于提高劳动生产率和增加收入。社会保护政策的协同作用在于，它有利于缓解经济波动、自然风险以及其他风险因素造成的返贫冲击，当然也对缺乏生计能力的家庭和个人有直接救助作用。

"三支柱"模型可能存在三方面缺陷：一是它假定在减贫相关的农业和非农产业部门之外，整个国民经济体系会自发成长；二是它假定只要上述三个方面能够模块化、制度化地良好运行，涓滴效应会自发产生，专项的反贫困行动是不必要的；三是它将世界上贫困规模较高的国家分为三种类型，但假定各国之内不存在经济发展水平、经济模式差异和地区差距，所以开出的是"均码式"菜单。显然这三方面假设对大多数发展中国家都很难成立。全国性可持续经济增长即使不是贫困地区和部门经济增长的绝对前提条件，两者之间也应当存在协同效用，后者不能脱离前者而长期存在。涓滴效应在快速增长和转型期会比较明显，但是会减弱，而且也不可能惠及所有穷人。各国内部不仅都或多或少呈现农业为主、转型、城市化的混合性结构特征，而且也都存在地区差异和差距。

（三）消除贫困"四支柱"战略

理想情况下，"三支柱"战略在现实的国家中可能会产生良好的减贫效应，正如在印度尼西亚、越南等所呈现的，但是就其自身而言很难担当消除贫困的使命。针对该战略的内在缺陷，并结合中国消除贫困的成功经验，本文提出发展中国家应当再增加反贫困的第四支柱，即专项反贫困行动。专项反贫困支柱的要义包括：建立自上而下的反贫困领导机构和执行机构，规划和实施专门的反贫困项目和政策，以帮助贫困地区和贫困户把发展生产作为主要职责，开展区域扶贫并建立贫困地区与国内相对发达地区的扶贫协作关系，适时瞄准贫困户开展精准扶贫等。相对于"三支柱"而言，增加第四支柱可以发挥如下作用：确立由本国政府承担消除贫困责任的制度机制；弥补市场经济不健全所导致的不足，在特定时期、特定区域创造市场机会，发挥定向涓滴效应；充分动员社会资源并发挥地区间协作的优势互补作用；对诸因素带来综合减贫效应进行统筹整合，更好地发挥各支柱之间的协同效应；为国际减贫合作提供制度空间和平台。

与此同时，第一个支柱也要做适当调整，从主要强调益贫性增长调整为强调可持续且具有包容性的增长。其一，可持续增长要求宏观政治、经济的稳定性以及对市场和国际形势变动的逆周期、抗波动能力。尤其是对国民经济体量较小、对外开放度高的发展中经济体来说，稳定的经济增长尤其重要，否则容易造成较为明显的返贫现象。其二，可持续增长并不只是增长速度和产业规模的线性扩张，而要具有结构升级的特性，包括国际背景下的动态结构升级以及国内不同地区的优势互补和动态升级。包容性增长则是指经济增长模式对各地区、各阶层劳动力都较为友好，包含益贫性要求，但是并非因此而损害其他群体的就业机会。通过以上调整，"三支柱"的减贫战略有望成为真正的"四支柱"消除贫困战略（见图1）。

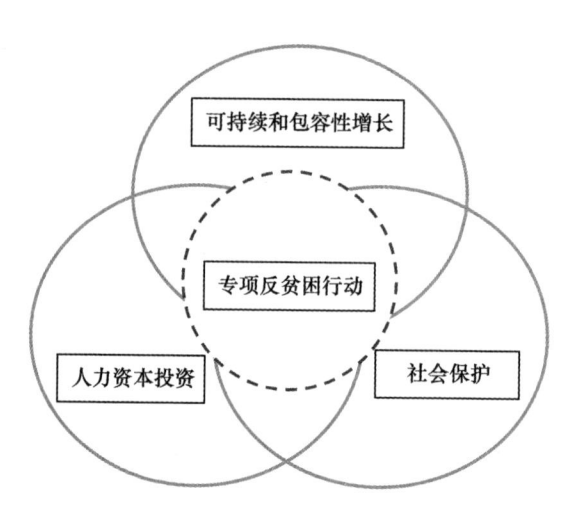

图1 改进的"四支柱"消除贫困战略模型

三 自主发展、多边合作框架下减贫国际合作新思路

（一）重构减贫国际合作思路的必要性

中国成功实现了消除农村贫困任务，提前至少10年完成2030年可持续发展减贫目标，并且积累了诸多成功经验。这些经验对其他发展中国家的借鉴意义，除了前文建议的将反贫困行动纳入国家消除贫困战略框架外，另一个非常重要的作用在于以发展中国家为中心，重塑自主发展、多边国际合作框架下的减贫国际合作思路。以往的减贫国际合作或者发达国家的对外援助，过多地强调捐助国（国际机构）的主导作用，因为他们自认为有更加先进的理念和经验。但是援助失灵早已屡见不鲜，甚至为了凸显受援国自主性的"减贫战略文件"（PRSP）方法也没有起到足够的预期效果，原因还是在于发展中国家自主性不足。

中国作为一个发展中大国，在相当长时间里既是国际援助的受赠者，也是提供者。在接受国际援助和合作方面，中国的一些基本原则包括以我为主、有予有取、相互尊重、合力推进等。[①] 中国不仅已经在东盟、非洲实施了大量的减贫试验示范项目，按承诺增加对外援助，而且与世界银行等主要国际组织的关系从单向接受援助转向平等合作以及提供智慧和资源的关系。在南南合作不断深化的今天，不仅中国面临如何更好开展对外

---

① 孙同全、潘忠：《中国减贫中的国际援助与合作》，载魏后凯、王镭主编《中国减贫成就、经验和国际合作》，社会科学文献出版社2021年版。

减贫援助和合作问题，其他发展中国家也同样面临如何更好地利用国际援助资源的问题。现在到 2030 年只剩下 8 年的时间，全球经济增长仍笼罩着新冠疫情和地区冲突的浓雾，绝对贫困人口还有 6.8 亿人。我们需要更加倚重以世界银行、南南合作为代表的多边合作机制，以发展中国家为主体，以发展中国家人民为中心，重塑减贫国际合作思路。

（二）自主发展、多边合作框架下消除贫困的国际合作新思路

林毅夫和王燕研究构建了"超越发展援助"的发展合作新理念，一些要点包括将援助与贸易和投资相结合，致力于促进发展中国家经济结构转型，发挥发展中国家间优势互补和雁阵转型潜力，强化公正、透明、法制化的多边治理机制等。[①] 这种基于新结构经济学的发展合作新理念，作为发展援助的替代观念，也完全适用于国际减贫合作。对于那些贫困程度仍然很深的国家来说，可以将国际减贫援助和合作当作消除贫困的突破口。据此我们提出消除贫困国际合作五个方面的原则。

第一，发展中国家自主。发展中国家应当在制定减贫战略、政策和采取反贫困行动方面具有真正的自主性。在各国国内应该建立专门反贫困机构，提供政府预算，赋予行政职权，培养人才队伍，可能情况下应当制定反贫困行政法规。多边援助组织和外国援助机构应当奉行不干预原则，致力于构建平等合作、友好协商的双边和多边合作机制。

[①] 林毅夫、王燕：《超越发展援助：在一个多极世界中重构发展合作新理念》，北京大学出版社 2016 年版。

第二，发展与减贫合作一体化。中国以及众多国家经验都显示足够的经济增长是消除贫困的前提，在经济发展水平较低时通过增长的包容性来实现大幅度减贫只是在少数国家取得了成功，而且完全消除贫困以及在提高贫困标准反贫困时，仍然需要经济增长的支撑。因此，每个国家的经济增长与减贫的战略和模式应当具有内在一致性，需要同步规划，各有侧重地推进实施。与此对应，面向各国的国际发展援助与合作也要与减贫合作一体化规划和推进，或者说减贫合作应当成为发展合作的有机组成部分。

第三，以合作带动援助。可以简单地将减贫国际合作中的国际资源分为援助和合作两种类型。援助指无偿或优惠提供的资金、技术、知识等，合作指外方派遣的人力资源以及由他们参与实施的各类合作项目。以往发展中国家可能更为在意援助的资金和技术，毕竟这些都是短缺和急需的。由此可能导致轻视合作的实际效果、在合作中过多被外方主导、接受较多无法兑现的附加条件等问题，这些都可能是援助低效率的原因。因此，依据国家自主原则可以得出以合作带动援助原则，即根据发展中国家反贫困的总体战略和行动框架来统筹安排所需的国际合作项目，并据以安排援助资金的规模和使用途径。

第四，以多边国际组织为主要中介。从制度安排来说，当前面向发展中国家的南北合作和南南合作都已经建立丰富的合作体制机制，发展中国家面对的国际合作机构、资源、理念、渠道可以说是相当丰富和多元的。这种多元性具有竞争择优、知识互补等优点，同时对于治理体制和能力不够完善的国家来说也会存在多头管理、力量分散、无所适从等挑战，尤其是国家间的双边援助中的援助国可能更容易受到自我诉求的约束。因此，适宜在联合国系统层面建立以多边国际组织为主要中介以更好满足受援国需求的共识。当然这并不是要削弱双边援助合作的自主性和创新性，而是希望双边合作能够与多边合作更好发挥合力作用。

第五，改善国际减贫合作治理。减贫合作是发展中国家国际发展合作的优先领域，可以接触到大量先进的发展思想、管理技术以及项目运行规则。相对于发展中国家相对落后的治理能力来说，加强减贫国际合作治理的现代化、规范化、国际化程度，既是项目取得成功的必要条件，也是以点带面改善国家治理能力的好机会。为此，援助方与受援国应当致力于建立规范合法的合作制度，受援国也应当加强外资援助利用、国际合作项目管理方面的制度建设和能力建设。

四　强化中国减贫国际合作建议

中国在国际发展合作框架下，已经在消除贫困领域开展了一系列国际示范、交流和合作项目，包括整村推进示范、农业技术推广示范、村级组织能力建设、官员和企业家交流培训、援建农村公益设施、减贫知识分享等。[①] 减贫合作也是中非合作、中国—东盟合作框架下的重要内容。但是总的来说，除了

[①] 中华人民共和国国务院新闻办公室：《新时代的中国国际发展合作》白皮书，2021年1月10日，http://www.scio.gov.cn/zfbps/32832/Document/1696685/1696685.htm。

交流培训和一些示范项目外，中国对外减贫合作的力度、手段和效果都是比较有限的。中国完成消除贫困任务后，有必要根据天下大同的社会理想、投桃报李的朴实情感以及信奉多边主义的大国责任担当，以"全球发展倡议"为指引，较大幅度加大对外减贫合作力度，优化和创新国际减贫合作机制和内容，助力多边合作机制在消除贫困中的关键作用，为如期消除全球贫困贡献中国力量和中国智慧。

（一）整合中国国际减贫合作力量

建议在2022—2030年期间，在国家国际发展合作署增设减贫合作司，统筹管理中国对外减贫与发展合作事务，落实中国对全球消除贫困的国际承诺。建立国家国际发展合作署减贫合作司—中国国际扶贫中心—中非合作论坛、中国—东盟中心等多边合作机构—教育培训、技术援助类专业机构、地方性对外援助合作机构的国际减贫合作架构。

（二）瞄准消除贫困需求，加大减贫援助资源配置力度

根据前文提出的"四支柱"消除贫困战略建议，中国提供的南南发展合作援助资源应根据发展中国家可持续经济增长与减贫一体化推进的思路进行优化分配。在2030年之前，应针对消除贫困任务需求，按照区域瞄准和精准扶贫思路，加大对国际扶贫资源的配置力度，更多支持各国欠发达地区经济开发、农业和农村基础设施建设、新技术示范推广、贫困村和贫困户能力建设等。

（三）统筹对外减贫合作机制，重点加强与多边机构的三方合作

中国应系统梳理双边合作和多边合作等对外减贫合作机制，根据项目设计和发展中国家需求统筹安排各种合作机制。双边合作机制是基础，有利于更好地发挥中国优势、自主性以及对接其受援国的具体需求，但是也存在初始成本高、力量分散、拉动减贫效应不明显等问题。建议重点加强通过多边机构与其他发展中国家合作的三方合作机制，其中的多边机构包括联合国系统诸机构以及非盟、东盟等区域性多边组织。同时根据需要开展与发达国家国际援助机构的三方合作，发挥各自比较优势，通过学习互鉴改善减贫合作效果。

（四）以三边合作促进多边减贫合作能力建设

中国接受减贫国际合作的经验表明，多边合作机制应当成为主渠道，因为它具有明显的规模效应，面向国家行动而不只是项目自身的示范推广效应，以及帮助改善治理的溢出效应。中国可以利用自己脱贫和开展国际合作的成功经验以及经历过的挫折教训，充分与多边组织合作，协助改进多边减贫合作的项目设计管理能力、组织和机制建设。与此同时，通过签订协议和制度建设保障中国在多边机制中的发言权和参与权，但尽量确保多边机构的自主性。

（五）鼓励中国社会组织充分参与对外减贫合作

中国扶贫和农村发展类社会组织在中国消除贫困进程中得以发展，其能力通过国际交流合作得到加强，现在到了中国社

会组织回馈国际社会的时候。社会组织可以参与官方的对外减贫合作项目，也可以独立承担在其他发展中国家开展的扶贫和发展类项目。中国政府以及多边国际组织应当为社会组织"走出去"提供更多的资源、空间以及合作舞台方面的支持。

减贫与包容发展

[塞拉利昂]阿尔法·穆罕默德·贾洛*

摘　要："全球发展倡议"提出，重点推进减贫等多个领域的合作。减贫是历史性难题、世界性难题。为消除贫困，非洲正在重新思考非洲发展模式。中国以自身实践创造了减贫治理的中国样本，借鉴中国经验将有助于制定消除贫困的项目。一是加强反腐败力度，建一个支持打击公共和商业部门的腐败行为，并且将腐败视作对国家安全的威胁的体系。二是扩大优质基础教育和培训，通过让更多人，特别是孩童接受基础教育，并提升基础教育质量和师资水平，推动高等教育发展，以及专业科目的技术和职业技能教育，从而满足减贫项目的人力资源需求。三是促进公路网络升级和提高农业现代化水平。四是提高能源和电力供应能力。以非洲国家塞拉利昂为例，塞拉利昂是从冲突后恢复、维持和平和建设和平的成功典范。但塞拉利昂也面临腐败、政府缺乏消除极端贫困的切实政策承诺；基础设施、电力系统、水供应以及信息与通信技术落后；文盲率依然很高等一系列问题。中国经验具有重要的借鉴意义，1992年

---

* 阿尔法·穆罕默德·贾洛，西非塞拉利昂马哥尼大学中非研究院院长。

7月出版的《摆脱贫困》一书汇集了中国国家主席习近平在中国福建宁德地区工作期间的重要讲话、文章。习近平主席提出的"弱鸟先飞""滴水穿石""四下基层"等理念，总结了可持续项目帮助人民摆脱贫困的过程，这些著作值得推荐。

关键词：减贫；可持续发展；非洲发展；中国经验；中国减贫思想

"全球发展倡议"的提出，为加快落实联合国2030年可持续发展议程，构建全球发展命运共同体，提供了中国方案。"减贫"是"全球发展倡议"提出的首项关键合作领域，中国自身的脱贫攻坚成果和经验也为加强减贫领域的国际发展合作提供了中国经验。一直以来，世界各地政府和发展合作伙伴都在寻求减贫与包容发展之路，这也成为世界各地政策讨论的中心议题。包容发展要求充分尊重人权，为包括贫困阶层在内的所有社会阶层提供良好的工作机会。减贫的实现需要提高贫困人口的市场准入、提高生产力以及扩大就业机会。包容发展使贫困人口也有机会积极参与到发展进程之中，由此提高其生活水平。

为消除贫困，我们正在重新思考非洲发展模式，此时批判性地讨论和分享我们面临的机遇和挑战具有独特意义。在过去几十年里，我们的发展模式单一，受制于大宗商品陷阱，容易受到市场波动或外部冲击的影响，且不具备环境可持续性。这种发展模式并未使我们的人民摆脱贫困，也未带来经济增长和公平，反倒加剧了人民的贫困程度。为了应对阻碍我们实现增长和追求可持续发展的挑战，进行调整和结构转型正当其时。借此机会，我们可探索《2019—2023国家中期发展规划：教育促进发展》中提到的机遇和挑战，判断我们是否实现了减贫和可持续发展的环境；是否实现了多元化和绿色经济；是否构建了一个和睦、有凝聚力的社会，从而提高人民的受教育程度、健康和能力；经济是否具有竞争力，基础设施是否完善。正如一些学者所言，新冠疫情促使非洲各国发生变化，各国开始重新思考非洲的发展和对外开放方式。反腐、教育、公路网建设、农业机械化等在减贫和包容发展中的作用受到关注和重视。

腐败会通过多种方式阻碍一国实现包容发展。当政府服务被扰乱，便会对关键的经济驱动力产生负面影响，包括宏观金融稳定、投资、人力资本累积以及全要素生产率等。而且，当系统性腐败触及几乎所有的国家大计之时，民众便会对政府产生怀疑，并且上升为暴力事件、内乱和冲突，这些都会带来严重的社会和经济后果。一国公共负债较高的话可能被拖入腐败和财政扩张的恶性循环，最终导致债务危机（Achury、Koulovatianos 和 Tsoukalas，2015 年）。税收遵从度低被认为是希腊财政危机的关键诱因（国际货币基金组织，2013 年）。反腐败立法可推动实现可持续发展目标，助力环境保护和减贫，扩大医疗、教育服务普及范围，并通过实现性别平等确保包容发展。施政规划的基石在于各级政府在反腐方面的持续投入，包括国企和私企。应当建立一个体系，打击公共和商业部门的腐败行为，并且将腐败视作对国家安全的威胁。政府必须对腐败采取零容忍政策。反腐败法律效力的核心在于发现并重点关注腐败个人，例如政客、公职官员、公务员及其共事人员，公众投诉和指控会大大推动反腐进程。

支持对经济发展和减贫有重大影响的重点行业的人才培养，

提供优质小学和初中教育，对于实现可持续发展目标四（确保包容和公平的优质教育，让全民终身享有学习机会）以及减贫目标非常重要。通过让更多人特别是儿童接受基础教育，提高教育质量和师资水平，推动高等教育特别是专业科目的技术和职业技能教育，满足减贫项目的人力资源需求。基础教育也包括大众教育和成人扫盲，二者均可提高民众在治理、生产、卫生和营养、社区发展等领域的参与度。年轻人可通过在技能培训方面的投入提高自己的生产力，从而获得更多职业选择，并提高收入。技术与职业教育应根据经济发展，特别是私营业用人单位的需求得以开展，可通过合理分配资金并与私营业共同合作实现。此外，还应为残疾和弱势儿童（如听障儿童、智障儿童、盲童等）提供特殊教育。

通过对干线和支线公路，以及沿海和内河运输网络进行可持续改善，确保为尤其是农村地区的人员、货物和服务的流动提供价格合理的基本运输服务，改善农村、河流沿岸社区和市场的交通状况。特别是粮食和出口作物生产部门，应延长支线公路网，改善农业投入和产出便利化程度。实现农业现代化和扩大农村经济发展规模是包容性增长方式的重要组成部分。必须加快农业发展，这主要依靠技术进步。随着农村非农就业规模增长，国内农业产量必须实现更快增长。城市地区对劳动密集型产业的商品和服务的需求也必须增长，这便需要在人口稠密地区扩大公路网，并提供运输和具备仓储设施的货车停放处。

塞拉利昂的战后重建和发展历程为减贫与包容性发展这一主题提供了一个生动的案例。就国土面积和人口而言，塞拉利昂共和国是一个相对较小的国家，位于非洲西海岸，西北部和北部与几内亚共和国接壤，东南部与利比里亚共和国交界。塞拉利昂总国土面积27925平方千米，人口约7235000人①。塞拉利昂拥有16—18种不同的矿产资源，其中最著名的资源包括钻石、黄金、金红石和铁矿石。国家财政主要来源于采矿及原材料运输支付的税款和特许权使用费。农业占据最大规模的就业人口，但其中58%仅能勉强维持生计，且使用农业机械的人口不足2%。

1991—2002年的十余年内战是塞拉利昂的困难时期，几乎瓦解了其社会结构。塞拉利昂直至2002年才实现了持久和平与和解，如今我们非常自豪能够被联合国称为"和平典范"，成为值得很多国家学习的榜样。正是由于这一持久和平与和解，塞拉利昂才能取得以下成就。

在政治领域，塞拉利昂于内战后成功举行三次和平民主选举，产生了合法政府，实现了权力的安全交接与过渡。自此，塞拉利昂的社会安全和政治稳定稳步提高。2010—2017年，根据全球和平指数（GPI）公布的数据显示，塞拉利昂被列为撒哈拉以南非洲地区最和平的国家。

在经济领域，塞拉利昂经济在内战后得以恢复并逐步增长。首先是农业的振兴，为此后的经济发展打下了基础，农业也是塞拉利昂最主要的经济支柱。此外，塞拉利昂还有着丰富的矿产资源，铁矿石储量预计超过100亿吨。同时，政府对教育的重视程度不断提高，大力复兴教育系统，增加了基础教育和高等教育机构的数量，扩大了普通民众受教育的机会。依赖于农业、矿业和人力资本的发展，2009—2014年，塞拉利昂跻身世

---

① 数据来源于塞拉利昂统计局2015年住房和人口普查报告。

界上增长最快的经济体之一。

在技术领域，塞拉利昂大力推动信息化建设，促使互联网在信息时代发挥重要作用。2013 年，塞拉利昂正式宣布参与非洲海岸至欧洲的海底光缆项目，该项目将覆盖全塞。2015 年，时任总统欧内斯特·巴伊·科罗马（Ernest Bai Koroma）正式启动电子政务平台。目前，塞拉利昂绝大部分部委和政府部门均通过 Wimax 这一无线网络接入互联网，为民众提供高效便捷的服务。2016 年，为保护国家重要信息基础设施和通信技术终端用户的安全，塞拉利昂内阁一致通过一项国家网络安全和数据保护政策。

与此同时，也必须正视塞拉利昂面临的困难和挑战。事实上，当前塞拉利昂正处在为消除极端贫困制定政策和实施战略的十字路口，亟待解决下列突出问题，为社会经济的可持续发展扫清障碍。

一是人民的国家意识和主人翁意识不强。民众对所属政党的忠诚度甚至要高于对国家的忠诚度。鉴于塞拉利昂人口受教育水平低，文盲率较高，培养民众的爱国意识和科学文化素养是塞拉利昂面临的一项重要挑战。

二是政府治理有待改善。塞拉利昂腐败状况严重，根源错综复杂，利益团体盘根错节，给国家安全造成严重隐患。此外，在消除极端贫困这一议题上，政府缺乏清晰的大政方针，也并未制定有针对性的、切实可行的政策。同时，政府对现有国家项目的落实缺乏政策和法律层面的监管工具和手段。

三是基础设施落后、环境污染严重、城市化水平低等一系列发展问题。塞拉利昂的基础设施资金缺口很大，交通、电力、通信、能源、供水等公共基础设施薄弱。由于此前的工业基础较为薄弱，生产环节粗放，导致塞拉利昂当前环境污染严重，已被列为易受自然灾害和人为灾害影响的国家之一。在城市建设方面，塞拉利昂的城市化总体水平仍然低下。长达十余年的内战导致大批人口逃难到首都弗里敦，在此定居并拒绝返乡。弗里敦的面积只占整个塞拉利昂的 1/200，却承载着全国 1/5 的人口，压力巨大。这在很大程度上影响了全国范围内城市化进程的推进，也束缚了塞拉利昂经济和社会的高效发展。

减贫是一个历史性难题，也是一个世界性难题，大多数第三世界国家都面临这一挑战。在全球减贫形势依然严峻、一些国家贫富分化加剧的情况下，中国以自身实践创造了贫困治理的中国样板。如果我们能够学习借鉴中国的经验，这将极大地帮助我们制定有助于消除贫困的可持续项目。2021 年，中国脱贫攻坚战取得全面胜利，现行标准下 9899 万农村贫困人口全部脱贫，832 个贫困县全部摘帽，12.8 万个贫困村全部出列，区域性整体贫困得到解决，完成了消除绝对贫困的艰巨任务。这一历史性成就是全中国人民在党和政府领导下共同努力的结果。中国政府早在 20 世纪 80 年代就开始将减贫工作提上日程，并为此制定了一系列政策和法规。在中央政府统一指挥下，各级、各地政府因地制宜地制定和采取相关政策和措施。中国政府始终坚持发展成果由人民共享，通过各种方式引导发达地区向贫困地区提供资金和技术并开放市场，并鼓励私营业在社会经济可持续发展中持续发挥重要作用。此外还值得指出的是，几乎所有项目都是先经过试点阶段验证手段和方法的可行性，然后再推广实施,从而能够增强政策稳定性和连续性。

最后,我愿意推荐读者阅读两本书。一本是 1992 年 7 月出版的《摆脱贫困》一书,这本书汇集了中国国家主席习近平在中国福建宁德地区工作期间的重要讲话、文章;另一本是由中国商务部国际贸易经济合作研究院编写的《中国经验贡献全球农业发展和农村减贫研究工作报告》。《摆脱贫困》一书中,习主席分享了他关于减贫的很多重要观点和看法,包括"弱鸟先飞""滴水穿石""四下基层"等富有创见的理念、观点和方法。其中我觉得最有意思的一部分就是"弱鸟先飞",这一部分总结了一个可持续项目帮助人民摆脱贫困的过程。习主席在书中呼吁"同心同德,兴民兴邦",也让我深受触动。要想真的消除贫困,我们就必须真的做到全心全意为人民服务。这也正是共产党理想的核心价值观。

资源禀赋改善与消除绝对贫困：
以中国为例

邓曲恒　孙婧芳[*]

摘　要：减贫是"全球发展倡议"聚焦的优先领域之一。中国的减贫事业取得了举世瞩目的成就，在消除绝对贫困的过程中，农村居民的资源禀赋不断得到改善。本章围绕市场化和政府作用两个层面分析了农村居民资源禀赋改善的五个关键环节，涉及农业生产方式及分配方式、生产要素配置、乡镇企业发展、劳动力跨区域迁移、农业生产条件改善以及精准扶贫多个方面。农民资源禀赋的改善为农村居民收入提高脱离贫困奠定了基础。同时，城市工业化的发展对农村居民从事非农就业脱离贫困具有举足轻重的作用。这对于借助全球经济发展推动经济落后地区脱离贫困同样具有借鉴意义。

关键词：减少贫困；资源禀赋；市场化改革；再分配

习近平主席提出的"全球发展倡议"将消除贫困作为落实

---

[*] 邓曲恒，中国社会科学院经济研究所研究员；孙婧芳，中国社会科学院经济研究所副研究员。

2030年可持续发展议程的优先领域,强调促进在全球范围内消除绝对贫困。中国的减贫成就举世瞩目,历史性地消除了绝对贫困,为全球减贫做出了巨大贡献。中国在减贫方面的成功经验,也为全球减贫提供了有益的借鉴。

改革开放以来,中国农村人口的贫困率持续下降,在减少绝对贫困方面成就卓越。以2000年联合国提出千年发展目标来看,中国为世界贫困减少、生存环境改善做出了巨大贡献。2015年千年发展目标到期之际,联合国发布报告指出:中国在落实千年发展目标上取得了前所未有的卓越成就,其中包括从1990年到2011年,帮助4.39亿人摆脱贫困,五岁以下儿童死亡率降低了2/3,孕产妇死亡率降低了3/4。2020年,中国现行贫困标准下的农村贫困人口全部脱贫,贫困县全部脱帽,在减少贫困方面又一次取得了举世瞩目的成就,提前完成了联合国2030年可持续发展议程中"无贫穷""零饥饿"的目标。

改革开放初期,中国的贫困率非常高,涉及人口规模庞大。按照中国农村当时的贫困标准,1978年贫困人口规模达到了2.5亿人,贫困率达到了30.7%;按照世界银行1.9美元每人每天的标准,1981年中国的贫困率高达88%。[1] 面对如此高的贫困率和巨大的贫困人口规模,单一的扶贫方式必然是难以奏效的,仅仅依靠农村居民自身也难以摆脱贫困。加之中国地域辽阔,区域差别巨大,为了脱离贫困,政府与民众、城市与农村都需要参与其中。另外,改革开放以来,中国经济经历了从

---

[1] Gill, Indermit, Ana Revenga and Christian Zeballos, "Grow, Invest, Insure: A Game Plan to End Extreme Poverty by 2030", *World Bank Policy Research Working Paper*, No. 7892, 2016.

计划经济到市场经济的转型，生产方式和分配方式都发生了转变，这对于提高农村居民收入、摆脱贫困也具有重要的作用。

赫克歇尔—俄林模型将不同国家之间相对资源禀赋的差异作为国际分工和贸易的起因。然而，资源禀赋不仅仅存在于国家层面，在个人层面亦是如此，不同的资源禀赋会对个人的就业、收入等多个方面产生影响。从劳动者就业的角度来看，劳动者就业不仅受到个人人力资本、社会资本的影响，而且受到劳动力市场结构和特征的影响。当劳动者所拥有的资源禀赋发生变化时，其就业环境和收入水平都会随之发生变化。例如：受教育水平、培训、劳动力市场流动性、劳动力供需结构等，这些资源禀赋的变化都会对劳动者的就业和收入带来突破乃至飞跃。同时值得关注的是，中国农村贫困人口脱离贫困并非只是农村、农民的议题，同样是全社会的议题，只有将贫困置于更广泛的范围之内才能更好地摆脱贫困。这对于消除世界极端贫困同样具有借鉴意义，使贫困地区和贫困人口能够参与全球经济发展过程，共享全球经济发展成果，亦是实现"零贫困""无饥饿"的根本。

本章根据改革开放以来中国减贫过程中农村居民资源禀赋的变化，围绕市场化和政府作用两个层面总结和阐述了中国的减贫经验。在市场化层面，本章侧重于论述在计划经济向市场经济转型的过程中，从而使农村居民的资源禀赋的配置逐渐市场化，成为农民增收的发动机。在政府作用层面，本章侧重于阐释政府通过再分配政策改善农村居民禀赋条件，以再分配的方式弥补农民以及农业发展的短板。

一 市场化改革与资源禀赋改善

在计划经济体制下，农业生产、工商业生产都在计划之中，对于生产要素的分配和使用都具有较强的限制。在市场化改革的过程中，这些限制被逐渐消除，使农村居民的资源禀赋得以改善，从而可以更加充分地利用已有的资源来增加收入，脱离贫困。

（一）农业生产方式的转变

中国减贫的起点在于解决温饱问题。正如《可持续发展目标——17个目标改变我们的世界》中提到的，在消除一切贫困中需要优先解决的问题是消除饥饿、实现粮食安全、消除营养不良。在当前世界中，依然存在着绝对贫困、存在着饥饿，2015年全球极端贫困人口依然多达7.36亿人[①]，占全球人口的10%，消除饥饿依然是可持续发展的首要目标。中国改革开放初期亦是如此，贫困人口规模大，贫困率高，1978年中国农村处于贫困中的人口达到了2.5亿人，食不果腹是当时中国农村贫困首要解决的问题。基于此，中国在1978年提出的贫困标准被定义为"温饱贫困线"，其目标在于解决温饱问题。

伴随着1978年党的十一届三中全会的召开，家庭联产承包责任制开始在全国范围内推行。1984年年底，家庭联产承包责

[①] "Poverty and Shared Prosperity 2018: Piecing Together the Poverty Puzzle", World Bank, https://www.worldbank.org/en/publication/poverty-and-shared-prosperity-2018.

任制覆盖了100%的生产队和97.9%的农户。① 在这个过程中,农民所拥有的资源禀赋发生了巨大变化。

一是农村居民获得了长期的土地使用权、经营权,以及参与分配的权利。农民以户为单位承包土地,承包期间一开始是15年,此后又有所延长,较长的承包期有利于农户对土地进行投资,从而有助于提高农业生产率。在分配过程中提出"交够国家的,留足集体的,剩下都是自己的"。"剩下都是自己的"使农户可以参与到分配当中,而且可以获得生产剩余。这极大地激发了农村居民农业生产的积极性,农业生产率大幅提高,与此同时,农村居民的收入水平不断提高,贫困程度持续下降。1985年中国农村的贫困标准从1978年的每人每年100元提高到每人每年206元,但是贫困人口规模却从1978年的2.50亿人降至1985年的1.25亿人。

二是农村居民获得了生产要素的自由支配权。随着农业生产分配方式的改变,既定的工分制退出了历史舞台,农村居民家庭内部以农业生产最大化为目标决定家庭内部的劳动力分工。农业劳动生产率的提高,使原来隐性的农业劳动力剩余迅速显性化,在农村居民可以自由支配劳动的情况下,农业剩余劳动力的显现为劳动力从事非农就业以及乡城流动提供了基础。

(二) 农村非农产业的发展

在家庭联产承包责任制落实之后,中央也连续对农村发展

---

① 蔡昉:《历史瞬间和特征化事实——中国特色城市化道路及其新内涵》,《国际经济评论》2018年第4期。

进行了调研，农村非农业的发展是其中一个重要关注点，1982年和1983年的中央一号文件以及1984年3月发布的《关于开创社队企业新局面的报告》向农村居民释放了更多的权利，农村非农产业发展的资源禀赋也得到了进一步改善。

一是农村发展非农产业得到了肯定和支持。这份报告中明确指出，"发展多种经营，是中国实现农业现代化必须始终坚持的战略方针"。同时，不再将农村发展起来的乡镇企业和城镇的国营企业对立起来，而是将乡镇企业视为国营企业的重要补充。乡镇企业如雨后春笋般爆发式增长，农村居民收入结构中，劳动者报酬占比持续提高。1985—1990年，劳动者报酬从72.15元提高至138.80元，提高了近一倍；劳动报酬占纯收入的比重也从1985年的18.15%，提高至1990年的20.22%。① 农村贫困率也进一步下降。尽管1990年中国农村贫困标准再一次提高，达到了每人每年300元，但贫困人口规模和贫困率相比于1985年则进一步下降。

二是农民被赋予了发展非农产业的权利。1983年的中央一号文件《关于当前农村经济政策的若干问题》中允许农村居民私人经营，而且可以跨地区长途贩运农副产品，打破了地域限制。农村居民创办的个体企业被视为乡镇企业的重要组成部分，个体工商业的发展得到了支持和肯定。这也为后续农村居民向城市迁移以自我雇佣的方式从事非农就业奠定了基础。

(三) 农村剩余劳动力大规模流动

中国城市的经济体制改革相对而言晚于农村，家庭联产承

---

① 数据根据历年《中国统计年鉴》整理得到。

包责任制已经在农村基本完成时,城市的改革还处于试点阶段。1979年在广东省的深圳、珠海和汕头以及福建省的厦门建立出口特区(即经济特区),此后从1984年开始又陆续将一些沿海城市确立为沿海开放城市。这些经济特区和沿海城市只是一个个试点,范围也相对较小。当时在国营企业中正在推动"放权让利"改革,以促进国营企业的效率提升。用工制度是改革的一个重要内容,从起初的"统招统配"向劳动合同制转变,形成了固定工、合同工和临时工三类不同的雇佣关系。1991年年末,中国合同制职工为1972万人①,而20世纪80年代中期,中国农村剩余劳动力的规模高达1亿—1.5亿人。② 此时城市国营企业的用工制度并不能为农村劳动力从事非农就业提供足够的就业机会。

1992年1月18日至2月21日,邓小平同志于先后到武昌、深圳、珠海、上海等地视察并发表的一系列重要谈话。一方面,肯定了经济特区和沿海开放城市的发展;另一方面,不仅对改革进行了深入阐述,同时对市场与社会主义和资本主义的关系进行了阐述。③ 将"三个有利于",即是否有利于发展社会主义社会的生产力、是否有利于增强社会主义国家的综合国力、是否有利于提高人民的生活水平,作为评价制度改革和创新的标准。关于"计划经济不等于社会主义"和"市场经济不等

---

① 数据来源于1992年《中国统计年鉴》。
② Taylor, J. R., "Rural Employment Trends and the Legacy of Surplus Labor, 1978–1989", in Kueh, Y. Y. and R. F. Ash (eds.), *Economic Trends in Chinese Agriculture: The Impact of Post-Mao Reforms*, New York: Oxford University Press, 1993.
③ 蔡昉:《历史瞬间和特征化事实——中国特色城市化道路及其新内涵》,《国际经济评论》2018年第4期。

于资本主义"的阐述，为中国经济进一步向市场经济转型奠定了基础。1992年召开的党的十四大明确了经济体制改革的方向，即建立社会主义市场经济体制。十四届三中全会在促进非公有制经济发展和农村剩余劳动力跨地区转移两个方面都做出了重要决定。即"国家要为各种所有制经济平等参与市场竞争创造条件，对各类企业一视同仁""鼓励和引导农村剩余劳动力逐步向非农产业转移和地区间的有序流动"。改革开放发展的步伐从此大幅度加快，沿海地区外向型劳动密集型制造业的快速发展，创造了大量就业岗位，对农村劳动力产生了巨大的需求。

伴随着对劳动力的巨大需求，限制农业劳动力向城市流动从事非农就业的限制也在逐渐打破。在计划经济体制下，农村居民没有粮票，在城镇凭票购粮的背景下，农村居民在城镇亦是举步维艰。1984年人民日报刊登了《关于一九八四年农村工作的通知》，放宽了农民向城镇流动的限制，允许农民在自理口粮的基础上进入城镇。除了城镇发展对劳动力的需求之外，另一个重要的原因是食品缺乏得到缓解。[①] 随着农业生产率提高，食品供给增加，统购统销制度在20世纪80年代末被终止，1993年全面取消了粮票，粮油供给实现了市场化。

总体而言，社会主义市场经济体制的建立，推动了城市非公经济的发展，多种所有制经济形式得到了快速发展，形成了对劳动力的巨大需求。与此同时，农村的改革一方面使农村剩

---

① Lin, Justin, "Rural Reform and Agricultural Growth in China", *The American Economic Review*, 1992, Vol. 82, No. 1, pp. 34–51.

余劳动力显性化；另一方面大幅增加了农产品供给，农村劳动力向城市流动过程中的粮食问题得到解决。由此，农村劳动力可获得的资源禀赋再一次得到了改善，其中最为重要的是，农村劳动力获得了自由流动的权利。农村剩余劳动力的需求和供给，在城市发展过程中实现了交汇，开辟了农村居民从事非农就业的新局面。1995年之后农民工的规模相比于之前大幅提高，2002年农民工的人口规模已经超过了1.5亿人，2019年已经高达2.9亿人，占就业人口的比例超过了1/3（见图1）。与此同时，农村居民家庭中的工资性收入占比持续提高，2014年以后工资性收入已经超过了经营性收入成为农村居民家庭最重要的收入来源（见图2）。

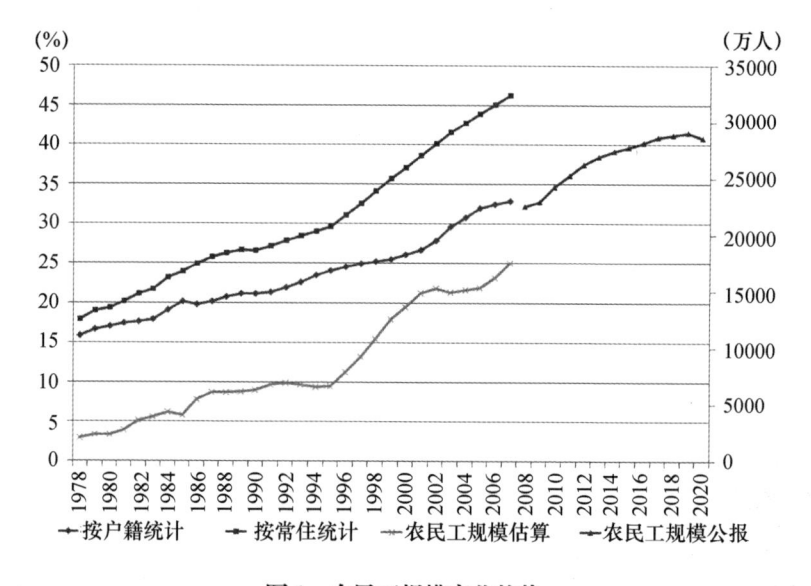

图1　农民工规模变化趋势

注：1978—2007年的农民工规模根据城镇户籍人口和常住户籍人口之间的差估算得到，2008—2020年的数据来自历年统计公报和《农民工动态监测报告》。

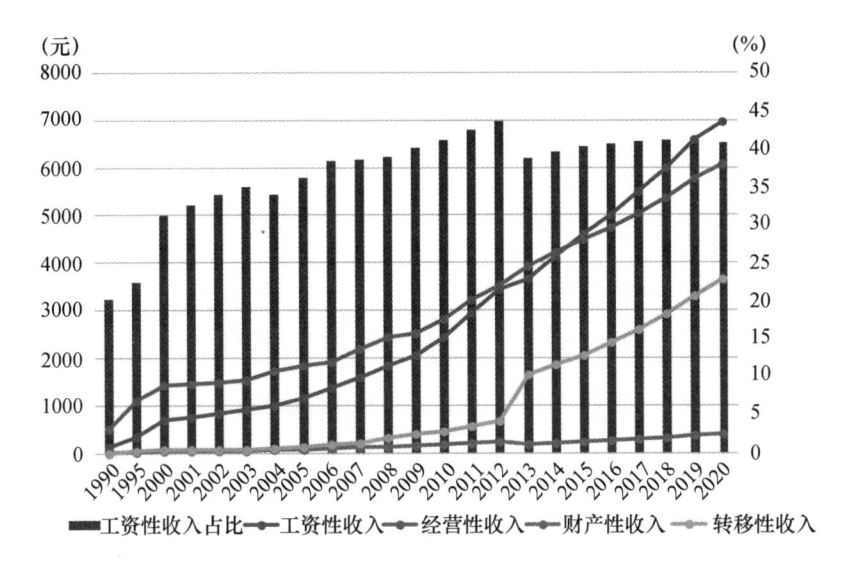

图 2　农村居民的收入结构及变化趋势

注：2012 年及以前的统计口径是人均纯收入，此后是人均可支配收入。

二　政府作用与资源禀赋改善

在改革开放初期，中国城乡之间已经存在着较大差距。农村的基础设施建设相对滞后，农业生产条件和农民生活条件也相对较差。与此同时，贫困地区较低的经济发展水平难以凭借一己之力来改善农村的生产和生活条件。中央在全国范围的再分配，能够推进农村生产和生活条件的改善，冲破农民乃至地区自有资源禀赋的限制，进而实现农业生产率提高与农民增收。[①]

[①]　除了税收等直接的再分配政策之外，政府也向贫困地区和贫困人群提供文中所述的倾斜性政策，这些政策可以被视为间接或广义的再分配。

（一）农业生产条件的改善

家庭联产承包责任制虽然理顺了激励机制，大幅提高了农业生产率，也增加了农村居民向土地投资的动力，但是其激励机制起作用的范围主要在微观层面，对于改变农村的农业生产条件依然是有限的，例如：通水、通电、通路以及农业基础设施建设等方面，仅依靠微观个体则较难实现。对于改善农村的生产环境和生活环境则主要依靠政府投资，即通过再分配的方式对农村进行投资。

随着农业生产方式的改变，以及乡镇企业的发展，中国农村贫困也呈现出了较强的地域特征。生存环境恶劣、人力资本匮乏及基础设施薄弱等成为农村脱贫的障碍，区域性扶贫就此展开。1982年在甘肃、宁夏开始试点区域性扶贫，将目标定为解决贫困人口的温饱问题，1985年年底这一目标被纳入全国性的农村扶贫战略。1986年首次确定国家贫困县，将331个贫困县列入国家重点扶持范围。从此，中国开启了大规模的开发式扶贫。

1986年开始在全国推行开发式扶贫以来，贴息贷款、以工代赈和财政扶贫资金是扶贫采用的主要方式。根据表1可知，相对于以工代赈和发展基金而言，贴息贷款的力度比较大。贴息贷款主要通过两种方式提高农村居民收入：一是直接投放给贫困户发展农业及加工业提高贫困人口收入；二是通过投放给企业促进贫困人口就业带动贫困人口增收。其目标是解决贫困人口的资金瓶颈，促进贫困县的经济发展。以工代赈和部分发展基金的投资方向在于饮用水、公路、电力、教育、卫生等相关基础设施的建设。以工代赈的核心目标是帮助贫困地区修建道路、水利工程等基础设施。与此同时，贫困人口以劳动力的形式参与其中获得就业，从而提高贫困人口收入。以工代赈具有一石三鸟之功效，贫困县的基础设施得以修建，贫困人口获得了就业，同时提高了扶贫资金的瞄准率。发展资金分为两部分，一部分是定额补贴，用来补贴贫困地区地方政府，使其维持正常工作；一部分用来支援贫困地区发展。支援地区发展的发展资金也主要侧重于基础设施建设。

大规模开发式扶贫的推进使贫困地区的生活条件和基础设施得到了较大改善。2001年年末，全国县道、乡道里程达到127.7万千米。全国通公路的乡（镇）占全国乡（镇）总数的99.3%，通公路的行政村占全国行政村总数的91.8%。[1] 县、乡镇、村通电率分别从1978年的94.5%、86.83%、61.05%提高到2008年的100%、99.68%、99.74%，农户通电率从1983年59.4%提高到2008年的99.89%。[2]

表1　　　　　1986—1998年三大扶贫项目资金投入　　　　单位：亿元

年份	贴息贷款	以工代赈	发展资金	合计
1986	23	9	10	42
1987	23	9	10	42
1988	29		10	39
1989	30	1	10	41

---

[1] 资料来源：《2001年公路水路交通行业发展统计公报》，https://www.mot.gov.cn/fenxigongbao/hangyegongbao/201510/t20151013_1894746.html。

[2] 资料来源：《光明之路——新中国成立60年农村电力发展综述》，http://www.gov.cn/jrzg/2009-10/03/content_1432181.htm。

续表

年份	贴息贷款	以工代赈	发展资金	合计
1990	30	6	10	16
1991	35	18	10	63
1992	41	16	10	67
1993	35	30	11	76
1994	45	40	12	97
1995	45	40	13	98
1996	55	40	13	109
1997	85	40	28	153
1998	100	50	33	183
1999	150	65	43	258
合计	726	364	223	1313

资料来源：历年《中国农村贫困监测报告》。

在2001—2010年开展新的扶贫计划时，拓展了扶贫方式，从单一的开发式扶贫向多元化拓展。在产业扶贫的基础上，增加了搬迁扶贫、教育、医疗、农村居民社会保障和社会救济（农村低保）等多个方面。2003年非典爆发，农村医疗条件差和医疗保障缺失的问题凸显，为了应对这一缺口，新型农村合作医疗制度快速推进。2009年新型农村合作医疗的参保率达到了94.0%；新型农村合作医疗基金累计支出总额为646亿元，累积受益4.9亿人次。[①] 2007年7月，国务院下发《关于在全国建立农村最低生活保障制度的通知》，在全国普遍建立农村低保制度。农村低保制度在一定程度上打破了国家贫困县的限制，将扶贫政策向非贫困县的贫困人口延展。

---

① 《2009年国民经济和社会发展统计公报》，国家统计局，2010年2月25日，http://www.stats.gov.cn/tjsj/tjgb/ndtjgb/。

（二）精准扶贫力度加大

党的十八大以来的"精准扶贫"再一次递进了扶贫方式，扶贫更加细化、更具针对性，将难以借助开发式扶贫脱离贫困的群体作为重点对象。扶贫方式和扶贫资金呈现多样化、超常规的特征。从扶贫方式来看，在2002—2010年的基础上进一步拓展了扶贫维度。《中国农村扶贫开发纲要（2011—2020年）》提出，2011—2020年期间扶贫的总体目标是："到2020年，稳定实现扶贫对象不愁吃、不愁穿，保障其义务教育、基本医疗和住房。""两不愁三保障"充分体现了这个阶段扶贫的多维性。2015年国家发展和改革委员会推出"五个一批"的扶贫政策：发展生产脱贫一批、易地扶贫搬迁脱贫一批、生态补偿脱贫一批、发展教育脱贫一批和社会保障兜底一批。"五个一批"中的易地搬迁、生态补偿、发展教育和社会保障兜底更加侧重于在微观层面通过再分配的方式使贫困人口脱离贫困。从扶贫资金规模来看，精准扶贫阶段亦具有明显的再分配特征，且再分配的力度加强。

一是财政扶贫投入规模巨大。2012年年末现行标准下贫困人口规模为9899万人，2013—2020年期间各级财政专项扶贫资金累计达到了约1.6万亿元，其中中央财政专项扶贫资金累计达到了6600亿元。根据表2可知，2013—2020年，各级财政专项扶贫资金以及中央财政专项扶贫资金的规模不断提高，2020年各级财政专项扶贫资金的投入规模达到了3520亿元，相当于2013年的4.82倍。

表2　　　　　　　财政扶贫资金投入规模及贫困人口规模

年份	中央财政专项扶贫资金（亿元）	各级财政专项扶贫资金（亿元）	贫困人口（万人）
2012			9899
2013	381	730	8249
2014	429	870	7017
2015	465	1000	5575
2016	665	1700	4335
2017	865	2220	3046
2018	1065	2780	1660
2019	1265	3160	551
2020	1465	3520	0
合计	6600	15980	

资料来源：中华人民共和国国务院新闻办公室：《人类减贫的中国实践》白皮书。

二是东西部扶贫协作和企业对口支援规模空前。以先富带动后富实施东中西部对口支援，东部9个省份帮扶中西部14个省份，明确了东部343个经济较发达的市县区域对中西部地区573个贫困县开展结对帮扶行动。2015—2020年，东部9个省份向扶贫协作地区投入的财政援助资金和社会帮扶资金高达1005亿元。中央单位和民营企业都投入到精准扶贫之中。超过2.2万家东部企业赴扶贫协作地区进行投资，累计投资金额达到了1.1万亿元。2012年开展脱贫攻坚以来，307家中央单位定点帮扶592个国家扶贫开发重点县，2013—2020年，中央党委累积投入帮助资金和物资供给427.6亿元，帮助引进各类资金1066.4亿元。民营企业以"万企帮万村"的方式投入扶贫工作当中。2015—2020年，共有12.7万家民营企业参与其中。①

在精准扶贫阶段,强调因地制宜、因人制宜,尽可能地从多个方面多个渠道帮助难以通过农业生产条件改善和市场化改革脱离贫困的人口。精准扶贫集中体现了共享发展和社会共济的特征。

三 主要结论

改革开放以来,中国扶贫取得了举世瞩目的成就。在这一过程中,农村居民的资源禀赋逐渐改善,成为农民增收与消除贫困的推动力量。习近平主席在"全球发展倡议"中主张,将消除贫困作为落实2030年议程的优先领域。中国在改善农村居民资源禀赋方面的成功经验,无疑能为全球范围内消除绝对贫困提供镜鉴。

本章围绕市场化和政府作用两个层面,对影响农村居民资源禀赋改善的五个关键环节进行了分析。

首先,在市场化层面主要涉及三个关键环节。一是在农村首先开展的家庭联产承包责任制,农村居民获得了长期的土地使用权、经营权,以及参与分配的权利。家庭联产承包责任制成功地解决了农业生产中的搭便车问题,促进了农业生产率的大幅提高。与此同时,农村居民获得了生产要素的自由支配权,可以根据家庭目标优化家庭内部的劳动力分工。二是对乡镇企业发展的肯定和支持,激发了农村乡镇企业的发展,增加了农

---

① 《〈人类减贫的中国实践〉白皮书》,中华人民共和国中央人民政府,2021年4月6日,http://www.gov.cn/zhengce/2021-04/06/content_5597952.htm。

村剩余劳动力从事非农就业的机会。不仅如此，农民个体也被赋予了发展非农产业的权利，可以长途贩运农副产品，个体工商业的发展得到了认可。三是建立社会主义市场经济制度的提出，全面打开了城市非公经济发展的大门，形成了对农村剩余劳动力的巨大拉力。农村剩余劳动力的供给和需求在城市改革发展中交汇，农村剩余劳动力大规模跨区域转移得到了空前发展。

其次，在政府作用层面主要涉及两个环节。一是改革开放初期开始推行的开发式扶贫政策，旨在加强农村基础设施建设，改善农业的生产条件，促进农业发展进而提高农村居民增收。二是通过精准扶贫将扶贫对象从区域层面转向个体层面，帮扶难以通过市场化和农业生产条件改善脱贫的人口脱贫。

尽管文中将改善农村居民资源禀赋的关键环节分为五个，且每个环节都具有一定的阶段性特征，但各个关键环节之间又并非是完全割裂的。市场化改革和再分配扶贫政策对于改善中国农村居民资源禀赋不仅具有直接的影响，而且两者之间具有互相促进的作用。同时值得注意的是，农村贫困人口脱离贫困并不能只立足于农村，而应当着眼于全国范围。仅仅依靠农业生产和农村非农产业发展则难以实现农村的全面脱贫，城市工业化的发展是农村居民提高收入、脱离贫困的中流砥柱。

就国际贫困的分布来看，贫困地区亦是经济发展滞后的地区。2015年撒哈拉以南非洲的贫困率依然高达41.1%，南亚的贫困率仍然在10%以上，撒哈拉以南非洲和南亚极端贫困人口的总和占比超过了85%。促进经济发展依然是提高这些地区居民收入的核心。根据中国减贫的经验来看，这些地区的经济发展及减贫亦不能仅仅立足于此地，而是应该放入全球经济发展当中。借助全球经济的发展，促进这些地区以多种方式参与其中，充分发挥其自身的资源禀赋，从而共享全球经济发展的成果。另外，这些地区的经济基础相对薄弱，国际组织亦当对其进行适当的帮扶，冲破现有资源禀赋的束缚，从而更好地参与到全球经济发展之中。

第 三 编

科技创新与可持续发展

数字经济支撑全球可持续发展：
机遇、挑战与建议

蔡跃洲　陈　楠*

摘　要：2008年国际金融危机后，各国都面临发展动力不足的困境；2020年的新冠疫情，更是对各国经济特别是发展中国家的可持续发展带来巨大冲击。为促进疫后复苏、实现共同可持续发展，"全球发展倡议"将数字经济作为国际重点合作领域之一。数字经济代表了世界新一轮科技革命和产业变革的主流方向。数字技术赋能实体经济有助于提高经济社会运行效率，数字技术相关产业也有望成长为新的主导产业，从而为经济可持续发展提供新的动力源泉。中国近年来数字经济运行实践，特别是应对疫情冲击所表现出的积极作用充分展示出数字经济支撑全球可持续发展的潜力。当前，要把握好数字经济发展机遇，还面临数字鸿沟、技术脱钩及产业链断裂、国际数据治理及跨境流动博弈等方面挑战。为此，国际社会应就加强数字经济领域合作交流达成共识，避免非理性对抗和脱钩，切实发挥

---

* 蔡跃洲，中国社会科学院数量经济与技术经济研究所研究员；陈楠，中国社会科学院数量经济与技术经济研究所助理研究员。

数字经济对全球经济可持续发展的支撑作用。

关键词：可持续发展；数字经济；数字鸿沟；国际数据治理；技术脱钩

2020年新冠疫情冲击全球，各国疫情防控措施的出台客观上加剧了世界经济发展的逆全球化态势，并对各国经济特别是发展中国家经济的可持续发展带来巨大负面影响。为合力应对挑战、促进疫后复苏、实现共同可持续发展，"全球发展倡议"将数字经济作为各经济体的重点合作领域之一。数字经济以互联网、大数据、云计算、人工智能等新一代信息技术为支撑，代表世界新一轮科技革命和产业变革的主流方向。发展数字经济，推动数字技术与实体经济深度融合，不仅能够为各国经济增长提供新的动力源泉，更有望帮助发展中国家加速工业化、现代化进程，实现跨越式发展。

一 数字经济与可持续发展新动能

（一）疫情冲击加大可持续发展难度

2008年爆发的国际金融危机，对世界经济造成重大冲击，各国为摆脱困境而实施的各种保护主义措施，客观上引致了逆全球化态势。在此背景下，世界主要经济体的增长陷入普遍低迷状态，包括巴西、南非、俄罗斯等金砖国家在内的新兴国家更是遭遇到挫折，经济下行趋势较为明显。2020年新冠疫情的全球蔓延加剧了上述下行态势，世界经济整体下降3.3%；除中国以外的主要经济体及金砖国家普遍出现较大幅度的负增长。

后疫情时代,如何实现经济可持续发展成为主要经济体特别是新兴经济体所面临的重大课题。

对于包括中国在内的新兴经济体来说,后发优势逐步消失、劳动力等要素禀赋结构变化等因素决定了经济增速放缓甚至落入中等收入陷阱往往是高速增长后必然要经历的阶段,其核心在于原有增长动力消失,新的增长动力尚未形成。

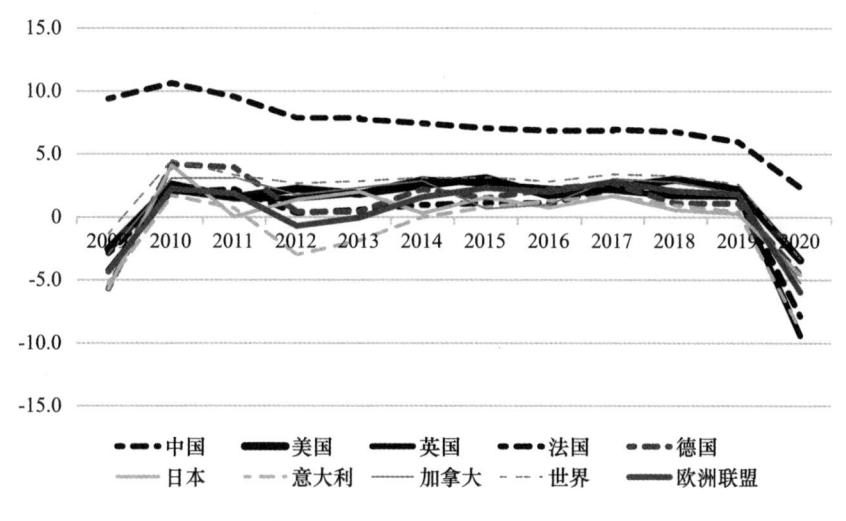

图1　2008年以后主要经济体及世界整体经济增速

根据古典和新古典经济学传统理论,资本积累往往被看作经济增长的发动机①。以中国为例,1978年改革开放后的30多年时间里,凭借着二元结构下近乎无限供给的劳动力,在投资大幅增长的同时避免了资本边际报酬递减,实现了年均超过10%的持续增长,创造了"中国奇迹"。然而,随着2012年中

---

① 速水佑次郎、神门善久:《发展经济学——从贫困到富裕》(中译本),社会科学文献出版社2003年版。

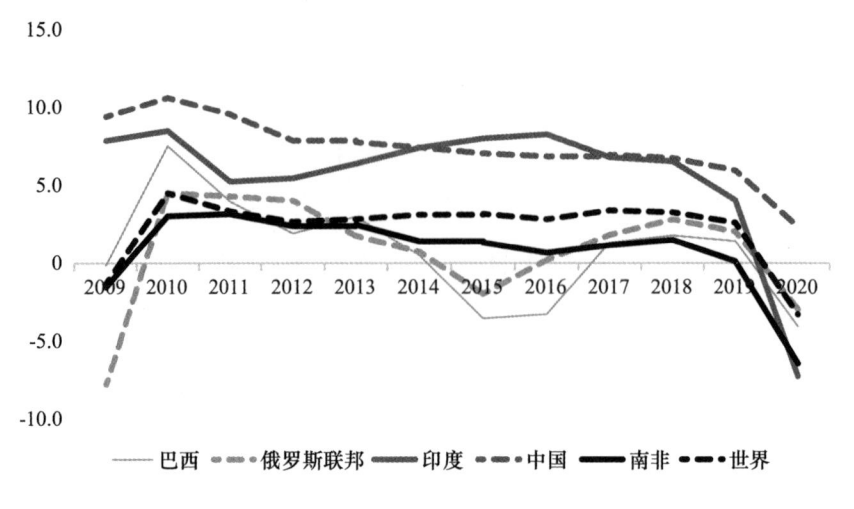

图 2　2008 年以后金砖国家及世界整体经济增速

国大陆 15—59 岁劳动年龄人口首次出现下降，劳动力无限供给的禀赋结构彻底改变，刘易斯拐点正式出现，原有的要素驱动和投资规模驱动的增长模式也难以为继。自 2012 年开始，中国经济增速逐年放缓，进入新常态。其根本原因在于，劳动力供给不足后，劳动成本上升的同时资本边际报酬递减规律也开始显现。要实现可持续发展，必须寻找新的发展动力[①]。这是中国和其他新兴经济体都迫切需要解决的问题。

（二）数字经济提供增长新动能

从创新经济学的视角来看，2008 年前后孕育兴起的新一轮科技革命和产业变革，可以看作是英国工业革命以来的第六次技术革命。早在 20 世纪 80 年代，弗里曼、佩雷兹等新熊彼特

---

① 蔡昉：《中国人口与可持续发展》，《中国科学院院刊》2012 年第 3 期；蔡昉：《中国经济增长如何转向全要素生产率驱动型》，《中国社会科学》2013 年第 1 期；蔡跃洲：《技术革命、结构转换与动力变革》，中国社会科学出版社 2018 年版。

学派创新经济学家便开始对技术革命进行系统研究并指出，当多个关联的通用目的技术（General Purpose Technology，GPT）领域同时或相继出现激进式创新时往往会引发技术革命①。据此，弗里曼、佩雷兹等又进一步给出了20世纪90年代之前5次技术革命的大致起始时间及其标志性事件，即：（1）18世纪60—70年代，以"斯密顿水车""珍妮纺纱机""阿克赖特水力织布机"等为标志，开启了工业革命的序幕；（2）18世纪末到19世纪30年代，以"瓦特蒸汽机"广泛应用和"利物浦—曼彻斯特"铁路线开通为标志，将人类社会带入"蒸汽和铁路时代"；（3）19世纪70年代，以钢铁、电力及重型机械等为代表的第三次技术革命将人类社会带入"钢铁和电气时代"；（4）20世纪初，以石油化学、汽车制造为代表开启了"石油与汽车时代"；（5）20世纪60—70年代，以英特尔公司微处理器发布为标志宣告了"信息时代"的到来②。

---

① Dosi, 1982; Bresnahan, Timothy F. and Manuel Trajtenberg, General Purpose Technologies: "Engines of Growth", NBER Working Paper No. 4148, 1992; Perez, Carlota, "Technological Revolutions and Techno-economic Paradigm", *Cambridge Journal of Economics*, Vol. 34, 2010, pp. 185 – 202; Lipsey, Richard G., Kenneth I. Carlaw, and Clifford T. Bekar, *Economic Transformations: General Purpose Technologies and Long Term Economic Growth*, Oxford University Press, 2005.

② Freeman, C. and C. Perez, "Structural Crises of Adjustment, Business Cycles and Investment Behavior", in G. Dosi, R. R. Nelson, G. Silverberg and L. L. G. Soete (Eds), *Technical Change and Economic Theory*, London: Pinter; Freeman, Chris, "Continental, National and Sub-national Innovation Systems Complementarity and Economic Growth", *Research Policy*, Vol. 31, 2002, pp. 191 – 211; Perez, Carlota, "Technological Revolutions and Techno-economic Paradigm", *Cambridge Journal of Economics*, Vol. 34, pp. 185 – 202; Mathews, John A. "The Renewable Energies Technology Surge: A New Techno-economic Paradigm in the Making?" *Future*, 2013, http://dx.doi.org/10.1016/j.futures.2012.12.001.

2008年前后，以互联网、云计算、大数据、3G移动通信、人工智能等新一代信息技术，同风能、太阳能等新能源技术以及石墨烯等新材料，多种不同通用目的技术领域先后都出现重大技术突破和较大规模示范性商业化应用，这些都可以看作是此次技术革命的标志性事件。经过十多年的快速发展，以新一代信息技术为支撑的各种数字经济新模式、新业态不断涌现，在改变生产生活组织模式的同时，也吸引了大量投资，带来了经济社会运行效率的提升，为经济可持续发展提供了新的动力源泉。

经济可持续发展应该是一种技术不断进步、运行高效的高质量发展。从供给侧来看，经济高质量发展要求实现"质量变革、效率变革、动力变革，提高全要素生产率"，而数字经济作为新经济形态，最为突出的特点就是经济运行效率的大幅提升。在微观层面，基于数字技术的广泛渗透和应用，不仅产生大量数据资源，还能够从中迅速提炼出有效信息，并在生产消费各环节中实时传递，提升生产经营各环节、各主体、各要素之间的协同性，从而提高全要素生产率。在宏观层面，数据要素所具备的非竞争性、（部分）非排他性等技术—经济特征，使之能够同时应用于多个不同场景，发挥上述协同性和效率提升作用，最终体现为对经济发展的放大、叠加、倍增效应。从需求侧来讲，高质量发展应该更好地满足"人民日益增长的美好生活需要"，在新时代意味着更多满足收入水平提高后的多元化、个性化需求。而以平台经济为代表的各种数字经济新模式，通过消除供需之间的信息不对称，在提高全社会配置效率的同时，能够充分挖掘长尾市场、提供个性化产品服务等方式，能够更好地满足消费者需求，带来更多消费者剩余①。

另外，从产业角度来看，技术革命/技术创新必然伴随着产业结构转换，表现为产业增加值规模结构、要素分布结构的变化；其微观基础是企业出于逐利动机进入技术创新领域后引发资源要素向该领域集聚，形成新的主导产业，在改变国民经济部门结构的同时实现增长动力变革。事实上，在过去的十多年时间里，数字经济新模式、新业态的发展带动新一代信息技术关联产业部门即数字产业化迅速壮大，使其在宏观经济中也占据越来越重要的地位。根据中国社会科学院数量经济与技术经济研究所数字经济课题组（以下简称"课题组"）测算，2020年中国数字产业占GDP比重约为18.8%，已成为国民经济的主导产业之一②。

二 中国数字经济发展的状况趋势

（一）中国数字经济规模及增长趋势

在过去的十多年时间里，中国凭借人口数量和超大规模市场优势，以平台经济和消费互联网为主要突破口，最大限度发挥网络外部性特征，实现了数字经济的超高速发展，也为中国经济的可持续发展提供了强劲动力。

---

① Veldkamp, Laura and Cindy Chung, Data and the Aggregate Economy, October 30, in preparation for the Journal of Economic Literature; Gordon, Robert J., "Why has Economic Growth Slowed when Innovation Appears to be Be Accelerating?" NBER Working paper No. 24554, 2018; 蔡跃洲、马文君：《数据要素对高质量发展影响与数据流动制约》，《数量经济技术经济研究》2021年第3期。

② 蔡跃洲、牛新星：《中国数字经济增加值规模测算》，《中国社会科学》2021年第11期。

根据课题组测算结果，2010—2019 年，中国数字经济增加值保持年均 10% 以上的增速，比同期 GDP 整体增长率高出 3.2—3.3 个百分点。另外，根据课题组的预测，"十四五"时期，中国数字经济大概率将延续快速增长势头，年均名义增长率在 11% 以上。

表1　　2010 年以来中国数字经济规模测算　　单位：亿元，%

年份	数字产业化			产业数字化			数字经济规模合计	GDP	GDP占比
	ICT制造业	ICT服务业	小计	ICT替代效应	ICT协同效应	小计			
2010	14598.1	11611.0	26209.0	18611.9	9472.3	28084.2	54293.2	412119.3	13.2
2011	16885.6	13994.0	30879.6	23631.6	11164.9	34796.5	65676.0	487940.2	13.5
2012	18011.2	16538.1	34549.3	27733.6	12355.7	40089.3	74638.6	538580.0	13.9
2013	19688.4	19944.7	39633.2	31399.7	13907.9	45307.6	84940.8	592963.2	14.3
2014	21717.0	23497.6	45214.7	35011.8	15104.8	50116.5	95331.2	643563.1	14.8
2015	22599.3	27615.0	50214.3	38054.0	17115.2	55169.2	105383.5	688858.2	15.3
2016	23908.7	30969.6	54878.3	41355.8	19341.4	60697.2	115575.5	746395.1	15.5
2017	26807.2	38441.5	65248.7	46048.5	22020.0	68068.6	133317.2	832035.9	16.0
2018	29507.7	44498.2	74005.9	50969.4	25601.4	76570.8	150576.7	919281.1	16.4
2019	31786.8	52273.4	84060.3	56158.3	30074.8	86233.2	170293.4	990865.0	17.2
2020	34315.6	60884.5	95200.2	61727.0	34520.1	96247.1	191447.3	1015986	18.8

表2　　2010 年以来中国数字经济及其各组成部分增速　　单位：%

年份	数字产业化			产业数字化			数字经济整体	GDP
	ICT制造业	ICT服务业	数字产业化整体	ICT替代效应	ICT协同效应	产业数字化整体		
2010—2015	6.3	15.8	10.9	12.4	9.6	11.4	11.2	7.9
2015—2019	6.0	14.2	10.7	7.3	12.0	8.8	9.7	6.5
2010	13.6	17.9	15.4	19.8	18.3	19.3	17.4	10.6
2011	6.9	11.4	8.9	17.6	9.0	14.7	11.9	9.5

续表

年份	数字产业化			产业数字化			数字经济整体	GDP
	ICT制造业	ICT服务业	数字产业化整体	ICT替代效应	ICT协同效应	产业数字化整体		
2012	4.2	15.5	9.3	14.8	8.2	12.6	11.1	7.9
2013	7.0	18.0	12.3	10.9	10.2	10.7	11.4	7.8
2014	9.4	16.8	13.1	10.3	7.4	9.4	11.1	7.3
2015	4.0	17.4	11.0	8.5	13.2	9.9	10.4	6.9
2016	4.6	10.9	8.1	7.0	11.3	8.4	8.2	6.7
2017	7.1	18.6	13.6	6.7	9.1	7.5	10.4	6.8
2018	6.3	11.8	9.5	6.8	12.2	8.6	9.0	6.6
2019	6.0	15.6	11.8	8.5	15.6	10.9	11.3	6.1

（二）疫情冲击下的中国数字经济

2020年年初新冠疫情暴发，疫情本身及相应的防控措施对原有经济社会运行秩序带来巨大冲击。从中国实践来看，物联网、大数据、5G、人工智能、机器人等前沿数字技术被应用于疫情防控的各个环节，数字经济各种新模式、新业态在保就业、支撑运转等方面也发挥了积极作用。一方面，数字技术为各行各业应对疫情提供了新的思路和手段，以在线办公、在线教育、互联网医疗为代表的数字产业和数字服务业迎来逆势增长，在传统经济活动普遍受到抑制的情况下，以平台经济为代表的各种数字经济新模式、新业态，短期内在就业恢复和就业带动上发挥了重要作用；另一方面，数字技术与实体经济的深度融合，也为企业主体应对疫情冲击提供了有力支撑。[①]

[①] 马晔风、蔡跃洲、陈楠：《企业数字化建设对新冠肺炎疫情应对的影响与作用》，《产业经济评论》2020年第5期；马晔风、蔡跃洲：《数字经济新就业形态的规模估算与疫情影响研究》，《劳动经济研究》2021年第6期。

根据课题组测算和分析，2020年中国电子商务、网约车、网络送餐、快递物流四类新就业形态提供的灵活就业岗位规模大约为5463万—6433万个，在总就业中的占比为7%—8%。从网约车的情况来看，新就业形态对于缓解疫情冲击、稳就业发挥了重要的积极作用。一是目前新就业仍然主要集中在北京、天津和东部沿海等经济发达省份。疫情以来，新就业形态表现出明显的"下沉"趋势，在西北、东北、西南等经济欠发达省份新就业形态规模呈显著增长趋势，在收入恢复上也表现出更大的弹性；二是新就业形态对于缓解青年人就业压力有着非常显著的作用，2020年2月新增网约车司机中，20—29岁年龄段的比重比1月提高5个百分点，3月则进一步提高3个百分点；三是新就业形态在缓解青年人就业压力方面的积极作用具有普适性，分区域来看，新就业形态对年轻就业群体的吸纳并没有表现出明显的异质性特征，不论是经济发达省份还是欠发达省份，都呈现出对年轻人巨大的吸纳力。[1]

从市场主体角度来看，企业数字化建设在对冲疫情负面冲击方面也有非常积极的作用，包括迅速协调上下游企业调整产销计划、加快实现复工复产、转产抗疫物资等。当然，企业数字化建设对冲作用的发挥存在一定的"门槛效应"，数字化程度高于50%的企业在营收和运营方面受到的疫情负面影响更小；而数字化程度低于50%的企业与未开展数字化的企业相比，数字化程度的提高并没有带来明显的改善。[2]

---

[1] 马晔风、蔡跃洲：《数字经济新就业形态的规模估算与疫情影响研究》，《劳动经济研究》2021年第6期。

[2] 马晔风、蔡跃洲、陈楠：《企业数字化建设对新冠肺炎疫情应对的影响与作用》，《产业经济评论》2020年第5期。

另外，疫情冲击客观上也加速了数字基础设施的布局。2020年3月，中国共产党中央政治局常委会上提出加快5G等"新基建"建设进度。2020年4月，国家发展改革委首次明确新基建范围，包括5G基站建设、大数据中心等七大领域。截止到2021年年底，行政村通光纤、通4G的比例在2019年年底98%的基础上进一步提升，双双超过99%。在大数据中心方面，于2022年3月正式启动建设京津冀、长三角、粤港澳大湾区、成渝、内蒙古、贵州、甘肃、宁夏8个国家算力枢纽节点，并规划10个国家数据中心集群。通信网络、算力中心、数据中心等新基建的布局，不仅能快速形成投资需求，在短期内拉动经济增长，更为数字经济的持续健康发展提供了物质技术支撑。

三　数字经济支撑全球可持续发展面临的挑战

尽管数字经济作为可持续发展新动能的作用在近年来中国经济实践中得到了较为充分的验证，然而要在全世界范围内发挥数字经济赋能经济社会、促进可持续发展的支撑作用，仍然面临着数字鸿沟、跨境数据流动、逆全球化潮流等挑战。

（一）国与国之间的数字鸿沟

第二次世界大战结束后，国与国之间发展不平衡，特别是发达经济体与发展中国家之间差距扩大，是国际社会长期关注的焦点。近年来，为把握新一轮科技革命和产业变革的历史机遇，世界各国对发展数字经济都寄予了很高的期望。然而，发展不平衡同样存在于数字经济领域,具体来说表现在以下几方面。

一是互联网普及应用和数字基础设施建设存在较大差异。从互联网渗透率来看,经济合作与发展组织(Organization for Economic Co-operation and Development,OECD)国家明显高于发展中国家。2020年一季度,美国、日本、德国、英国、法国的渗透率分别为94.7%、93.5%、94.5%、93.6%和92.6%,远高于58.7%的世界平均水平;而中国和印度的渗透率仅为64.5%和40.9%,与美日欧等发达经济体存在较大差距。分地区来看,互联网渗透率也基本与人均收入水平成正比。2020年,北美和欧洲的互联网渗透率分别为94.6%和87.2%,明显高于其他地区和59.6%的世界平均水平;而非洲和亚洲的渗透率仅为39.3%和55.1%;中东、拉美/加勒比海、大洋洲/澳大利亚的渗透率在70%左右,分别为70.2%、68.9%和67.7%。而中亚五国的渗透率分别是哈萨克斯坦76.4%、乌兹别克斯坦52.3%、吉尔吉斯斯坦40.1%、塔吉克斯坦32.4%、土库曼斯坦21.2%,除哈萨克斯坦外均远低于亚洲平均水平。在数字基础设施建设覆盖方面,中国凭借后发优势及移动通信方面的技术优势,于2021年底实现了所有行政村4G和光纤覆盖率均超过99%,基本实现境内全覆盖。2021年,印度4G LTE网络人口覆盖率达到45%。欧盟2020年宽带报告显示,2019年欧盟27个成员国宽带覆盖率已达到86%,4G网络几乎覆盖了所有人口。但是,高速宽带在欧盟国家的覆盖率仅为44%,使用100Mbps及以上网速的家庭只有26%。在欧盟内部,网络发展水平呈现不均衡状态。从光纤宽带覆盖率来看,2019年第三季度,瑞典、西班牙、拉脱维亚排在欧盟国家前三位。老牌强国在网络建设上滞后,德国、法国、意大利等国平均速率只达到30Mbps左右。德国和法国高速宽带在2019年时的覆盖率只有30%。

二是数据信息使用成本存在较大差距,基本与基础设施覆盖率和互联网渗透率成负相关关系。例如,2020年中国流量单价为3.75元(约合0.61美元/GB),在全球228个国家/地区中排名第12位。印度凭借极度低廉的费用再度稳坐榜单第1(0.09美元/GB),美国、韩国、日本分别是8美元/GB、10.94美元/GB和3.91美元/GB,分别是中国的13倍、18倍和6倍。相比之下,在塔吉克斯坦和土库曼斯坦,1GB流量的平均价格分别为3.1—3.7美元和19.81美元。2020年第四季度,中国光纤宽带平均价格约合61美元,在71个国家和地区可比价格从低到高排名中位于第18位。美国、英国、法国宽带平均价格分别是69美元、72美元、63美元;而印度、巴西宽带平均价格分别是114美元、100美元。使用成本上的巨大差异,将进一步加大国与国之间以及一国内部的数字鸿沟,从根本上制约了数字经济积极作用的发挥。

三是数字经济发展水平存在巨大差距。根据《福布斯》发布全球数字经济百强企业榜单,2019年百强企业主要集中在美国、中国、日本、欧盟、韩国、印度,其中,美国有38家企业上榜,是上榜企业数量最多的国家,中国以14家位居第2。此外,日本有13家企业上榜,软银位次最高,世界排名第12;韩国有4家企业上榜,三星位次最高,世界排名第3;印度有2家企业上榜。在排名前10的企业榜单中,美国占据8个席位,苹果位居第 1。另外，即便是全球百强企业之间，也存在很大差距。2021 年，苹果一家企业的市值比中国排名前 50 的科技公司市值总和还要多出 1 万美元以上。

（二）技术脱钩及产业链断裂风险

2018 年开始，逆全球化态势有所强化。一方面，中美经贸摩擦升级，数字技术成为双方博弈争夺的焦点，大有技术脱钩之势；另一方面，2020 年新冠疫情冲击下，以集成电路为代表的数字技术基础领域的产业链"刃锋平衡"格局面临断裂风险。无论是技术脱钩还是产业链断裂，都将影响信息通信领域的技术进步和产品开发应用，进而严重损害全球数字经济发展所依托的物质技术基础，并最终制约数字经济的健康发展。

2018 年 4 月，以美国商务部公告制裁中国企业中兴通讯为起点，以往集中在钢铁、纺织等传统产业的中美贸易摩擦正式升级，数字技术成为博弈的焦点。此后，美国政府针对华为及其他中国企业和机构采取了芯片禁售、实体清单等限制措施，并联合英国和欧盟以信息安全等为由禁用华为 5G 设备。2022 年 4 月，英特尔等美国公司又会同三星等企业组建所谓"芯片联盟"，试图将中国大陆企业排除在外。卡内基国际和平基金会还专门发布了一份题为《美中技术"脱钩"》（*U. S. – China Technological "Decoupling"*）的报告。技术创新需要以充分的知识交流和广泛的商业化应用作为支撑。发达经济体和发展中经济体在技术水平、市场空间等方面各有优势，唯有坚持更大范围、更深层次的交流合作，才能更好地推动信息通信领域的技术进步。

2020年暴发的新冠疫情，对全球产业链供应链安全造成了重大冲击。芯片是数字技术的物理载体，是数字经济发展运行的物质技术基础。围绕芯片制造形成的集成电路产业链具有链条超长、全球分工且分布失衡、技术门槛高、前端锁定后端等技术—经济特征。这些特征决定了，集成电路产业链上下游高度关联，其畅通运行高度依赖于各环节间的跨境协同，产业链整体处于脆弱的"刃锋平衡"状态。新冠疫情冲击下，国际防控合作机制的缺失，必然导致跨境协同的阻滞，加上原有的各种逆全球化动向，集成电路产业链断裂风险大幅增加。2021年出现汽车芯片大范围缺货便是上述风险的具体体现。

（三）数据治理及跨境流动博弈的影响

数据是数字经济时代的关键要素，既是经济社会发展最重要的资源，又对个人隐私和国家信息安全有着重要影响。近年来，欧盟、美国等主要经济体围绕数据治理进行了专门的制度安排。截至2020年年底，全球共有128个国家对数据隐私进行立法，就跨境数据流动的全球治理尚未达成共识，特别是美国和欧盟的治理理念存在非常明显的冲突。整体来看，不论是出于个人隐私、信息安全还是数据流通共享的目标，目前全球主要经济体在数字治理领域的核心诉求都集中在争取数据主权，具体表现在对数据流出进行了严格限制，而数据流入的制度安排较为宽松，希望能够将数字资源尽可能多地汇集到本国或本地区，争取下一阶段数字经济的发展机遇。这种数据治理理念及立法方面的冲突、博弈，势必影响到跨境数据流动，进而影响全球数字经济发展。

在目前已发布的数据隐私保护法案中，以欧盟2018年发布的《通用数据保护条例》（GDPR）和美国发布的《澄清境外合法使用数据法案》（CLOUD）影响力最为显著。其中，GDPR搭建了一个全新的数据治理框架，对数据主体的特有权利和数据控制者、处理者的义务进行了明确规定。根据法规的数据最小化原则，数据处理应仅包含实现合法目的所需的个人数据。出于此类目的而收集的数据，原则上未经用户进一步同意不得用于其他目的。在数据的跨境转移中，GDPR还规定了包括充足保护认定、有约束力的公司规则（BCR）、数据保护标准条款（SCC）、特别告知同意、履行合同必要等多种合规路径。《通用数据保护条例》（GDPR）在世界各国获得了广泛认可，对不少国家实施数据保护立法具有较大的借鉴意义，尤其是发展中经济体积极效仿GDPR制定跨境数据流动规则，以求在符合欧盟标准后与其顺利推动跨境数据流动，例如，巴西的《通用数据保护法》（2020年9月）、泰国的《个人数据保护法》（2020年5月）等，均认可GDPR标准。

美国一方面通过推进亚太经合组织（APEC）的《跨境隐私保护规则》（CBPRs）使参与国在管控数据信息跨境流动时不得要求数据接收方提供超过APEC规定的保护水平，从而放弃其国内高水平保护标准，接受美国较低的保护标准，为美国吸引数据流入、掌控全球数据资源提供便利。另一方面通过《澄清境外合法使用数据法案》（CLOUD）强化美国对本国数据在境外的控制能力和主权所有，实际上通过长臂管辖原则扩张了其数据主权管辖范畴，获得国际数据资源竞争优势。

发达国家和发展中国家在数据治理中展现出不同的特点。

在数据信息保护立法方面，发展中国家普遍起步较晚，立法尚处于初步阶段，而发达国家已经开始推进相关法律修订工作，以全面适应人工智能、大数据时代对数据保护提出的新要求。在数据本地化方面，发达国家在数据治理相关立法中致力于推进数据自由流动，较少提及数据本地化，而很多发展中国家基于对本国数字企业的保护考虑，对数据流出和数据本地化进行了严格规定。如印度希望通过数据本地化政策促进本国数字经济发展，同时又希望融入数据全球化趋势，因此对个人数据实施分级分类，从而适用不同的数据本地化要求；俄罗斯通过数据本地化政策要求数据回流，以推动本国大数据市场的快速发展，并强化政府的执法能力和对数据的控制力。

四 促进全球数字经济发展的建议

"全球发展倡议"指出："和平与发展仍是时代主题，各国人民热切期盼通过可持续发展实现对美好生活的向往。"为加快落实联合国2030年可持续发展议程，推动实现创新驱动的全球发展，发挥好数字技术和数字经济对全球可持续发展的支撑作用，国际社会需要针对制约各国数字经济发展特别是发展中国家数字经济发展的前述各项挑战，就加强数字经济领域的交流合作达成共识，避免非理性的对抗和脱钩，切实实现多方共赢的格局。

首先，国际社会应就"合作共赢加速数字经济发展"达成共识。以美国为代表的西方发达经济体应摒弃"零和博弈"的惯性思维，顺应数字经济时代的发展特点，切实转变观念。在新一轮科技革命和产业变革下，一方面，前沿科技日新月异，创新步伐不断加快，任何国家，包括美国在内，都很难在所有领域处于绝对领先地位；另一方面，数字技术对经济社会的渗透，增加了国与国之间的连通和交流，拓展了创新合作的边界和空间，通过加强合作才能充分发挥数字经济时代创新红利，提高各国创新效率和创新能力。更为重要的是，当今世界各国面临着气候变化、新冠疫情等关乎人类命运的共同挑战，唯有秉持"人类命运共同体"理念，充分发挥数字技术提供的合作便利，形成"竞争合作"良性互动格局，才有望切实应对相关挑战。

第二，加强数字基础设施领域的合作。一方面，技术领先国家要加强合作，特别是在相关标准制定方面的协调合作，从技术标准和物理设施层面为全球互联互通打下坚实基础；另一方面，技术领先国家要加大对发展中国家和地区的支持，通过提高基础设施覆盖率和互联网渗透率，降低数据信息的生产、使用成本，切实缩小数字鸿沟。2013年以来，中国政府提出"一带一路"倡议，加强同亚、非、欧沿线国家的交流合作，为改善沿线发展中国家基础设施建设提供了强大助力。未来，在"一带一路"倡议框架下，跨国合作的重点还应由传统基础设施向数字基础设施倾斜，为缩小全球数字鸿沟提供基础性保障。

第三，加强数字经济领域的产业和技术合作交流，加快推动数字技术进步和商业化应用。在WTO、"一带一路"倡议等框架下加强中国、美国、欧盟、英国、日本、韩国等主要经济体在集成电路、平台经济、数字化转型等方面的合作交流。例如，在集成电路制造方面，美国具有全方位的技术优势、日本专注于集成电路装备和材料、欧盟在诸如光刻机等细分领域遥遥领先、中国台湾和韩国优势在制造代工、中国大陆则具有全球2/3的市场份额和最为完整的产业链，强化产业技术合作，能充分实现各经济体的优势互补。在此基础上，还应充分发挥RCEP、CPTPP等区域性协议的作用，强化数字经济优势国与新兴市场国家的合作，拓展数字技术商业化应用范围。

第四，建立数据治理和跨境流动国际协调合作机制，为数据要素实现安全、有序、充分的跨境流动营造更为宽松的国际环境。倡导公开、透明、包容、协商、合作的原则，以WTO、G20、APEC等多边合作平台为基础，缓解主要国家在跨国数据流动上的分歧，并充分吸收欠发达国家的意见和诉求，推动建立多赢的数据跨境流动国际规则。与此同时，鼓励美国、欧盟、中国、日本等主要经济体开展双边协商，就数字治理、数字贸易、数字税等重要议题进行对话。

全球发展倡议与南非落实2030年可持续发展议程之路：技术创新与可持续发展

[南非]萨拉·莫索塔　巴巴尔瓦·西斯瓦纳*

摘　要：发展是各国的共同愿望，发展中国家尤其期盼发展。在整个世界倍受全球发展问题困扰之际，中国国家主席习近平在第76届联合国大会上提出了"全球发展倡议"，提议尽快落实2030年可持续发展议程，以实现更加强劲、绿色、健康的全球发展。"全球发展倡议"是应对发展中国家所面临的发展挑战的中国方案、中国倡议，向全世界开放，欢迎所有国家的参与。自"全球发展倡议"提出以来，包括联合国在内的近100个国家及组织都对该倡议表示了支持。"全球发展倡议"追求以人为本的发展，以增进人民福祉、实现人的全面发展为出发点和最终目标，努力满足各国人民对更美好生活的渴望；该倡议力求发展保护和促进人权，特别是包括妇女、儿童和其他弱势群体在内的所有人的生存权和发展权，并为国际人权事业做出贡献。此外，"全球发展倡议"力求促进实现惠及

---

* 萨拉·莫索塔，南非国家人文社会科学院首席执行官；巴巴尔瓦·西斯瓦纳，南非国家人文社会科学院研究员兼项目协调员。

所有人的包容性发展，重点解决国家之间和国家内部发展不平衡和发展不足的问题，该倡议关注发展中国家。"全球发展倡议"也是中国坚定支持多边主义和2030年议程的具体表现，与2030年可持续发展议程目标一致，呼吁加强全球发展合作伙伴关系，支持联合国在落实2030年议程方面发挥全面协调作用，并推动多边发展合作进程，进而助力实现可持续发展目标。

关键词：全球发展倡议；以人为本；2030年可持续发展议程；全球发展伙伴关系

"可持续发展"已成为国际援助机构的标语和发展规划者的话语，同时它也是会议与学术论文的主题以及发展与环境活动家的口号。[1] 17项可持续发展目标及其子目标的制定，是全新的2030年可持续发展议程（以下简称2030年议程）的基石。[2] 实现这些目标需要从多个方面发力，包括探索及发挥技术创新的最大潜力。发展中国家的倡议、方案和智慧，为加快实现2030年可持续发展目标提供了新动力。中国的"全球发展倡议"是中国支持多边主义和联合国2030年可持续发展议程的重要体现。我们也需要通过技术创新来应对经济增长、环境保护和社会进步等方面可持续发展的预期挑战。各国社会空前绝后

---

[1] Mensah, J., "Sustainable Development: Meaning, History, Principles, Pillars, and Implications for Human Action: Literature Review", 2019, https://doi.org/10.1080/23311886.2019.1653531.

[2] Omri, A., "Technological Innovation and Sustainable Development: Does the Stage of Development Matter?" *Environmental Impact Assessment Review*, No. 83, https://doi.org/10.1016/J.EIAR.2020.106398.

地重视这些挑战，且已认识到追求可持续发展对于环境保护、经济发展以及社会稳定的重要性。技术创新是至关重要的解决方案，因为它能调整经济繁荣、消费模式、生活方式、社会关系以及文化发展。技术影响着产业发展的方方面面，包括原材料与能源需求、制造方法与生产效率、产品性能、废物减少与处理、健康与安全、运输与基础设施等，所有这些都具有重大的经济、环境和社会影响。① 因此，技术创新带来效益，它能促进生产，为人民提供新的、更好的商品与服务，从而提高人民总体生活水平。②

技术创新为企业家创造机会，使其能够资助新组织、树立竞争地位，以应对企业现有优势资源衰竭的挑战。技术创新旨在改进产品或引入新技术、新工艺，以有别于旧产品。③ 它使我们对未来建立起一个从健康社会到更加民主、包容的社会充满希望。2030 年可持续发展议程提出了"不让任何国家掉队"的指导理念，为利用前沿技术促进可持续发展提供了强大动力。前沿技术一词是指利用数字化与互联互通来扩大影响力的一系列新技术。④ 技术创新能够提供源源不断的动力，推动当代经济的可持续发展，在提高资源效率、升级产业结构方面发挥着关

---

① Hongxin, W., "GDI a Platform for Achieving Progress, Equality", *Chinadaily*, January 24, 2022, https://www.chinadaily.com.cn/a/202201/24/WS61ee7558a310cdd39bc82eb9.html.

② Broughel, J., & Thierer, A., "Technological Innovation and Economic Growth: A Brief Report on the Evidence", 2019, https://www.mercatus.org/publications.

③ Muthoni, J., "Importance of Technological Innovation for Business & Growth", Jonas Muthoni, May 6, 2021, https://jonasmuthoni.com/blog/importance-technological-innovation/.

④ UNCTAD, "Technology & Innovation Report 2021", 2021, https://unctad.org/system/files/official-document/tir2020_en.pdf.

键作用。因此，技术创新会促进经济、社会及环境三个维度的可持续发展。

一 技术创新与可持续发展

专家认为，技术创新是开发可持续服务与产品的关键途径。许多学者已经证明了技术创新对于实现可持续发展的重要性。在经济理论中，技术创新成就社会和经济转型的提法并不新鲜。技术创新对经济的影响是经济学领域研究的热点。① 一些经济学流派已经确定了此影响过程中的几个特征，这些特征共同促进了经济增长从依赖财富或资本积累向依赖技术进步的历史转变，尤其是在知识经济中的转变。早在古典经济学理论出现之前，里卡多（Ricardo）② 与史密斯（Smith）③ 就已认识到技术改进对实现长期经济发展的重要性。而新古典经济学理论的领先人物索洛（Solow）④ 则使用定量及定性的方法证明了技术进步与经济发展之间存在正相关。新经济增长理论学家罗默（Ro-

---

① Broughel, J., & Thierer, A., "Technological Innovation and Economic Growth: A Brief Report on the Evidence", 2019, https://www.mercatus.org/publications; Reamer, A., "The Impacts of Technological Invention on Economic Growth-A Review of the Literature", 2014.

② Ricardo, D., *Principles of Political Economy, and Taxation*, Google Ebooks, 1817, https://books.google.co.za/books?id=cUBKAAAAYAAJ&printsec=frontcover&source=gbs_ge_summary_r&cad=0#v=onepage&q&f=false.

③ Smith, A., "An Inquiry into the Nature and Causes of the Wealth of Nations", 1776, http://metalibri.incubadora.fapesp.br.

④ Solow, R. M., "A Contribution to the Theory of Economic Growth", *The Quarterly Journal of Economics*, Vol. 70, No. 1, 1956, pp. 65–94.

mer)① 则论证了技术进步与经济增长之间存在直接联系。

在此，技术创新对于人类发展的影响及二者之间的相互联系值得我们探讨。这一联系已在可持续发展目标9中得到充分确立和认可："建设有韧性的基础设施，促进包容和可持续的工业化，并促进创新。"该目标鼓励发展中国家基于创新推动可持续的工业化，包括支持经济发展和造福人类，尤其是要设定公平合理的价格。② 技术创新可以促进生产力，增加收入，也能够促进健康、提升教育和幸福感，重点是让所有人都能合理、公平地获得机会。③ 因此，技术创新被视为促进人类潜力开发的有力工具。④

二 可持续发展目标

可持续发展是指在实现人类发展目标的同时，保持自然系统提供经济和社会所依赖的自然资源及为生态系统服务的能力。可持续发展目标是对2000—2015年的"千年发展目标"的延续，旨在不断向前推进发展议程。可持续发展目标提出，一个领域的行动会影响到其他领域的成果，发展必须平衡社会、经

---

① Romer, P. M., "Endogenous Technological Change", *Journal of Political Economy*, Vol. 98, No. 5, 1990, pp. 71–102.

② United Nations, "Sustainable Development Goal 9: Industry, Innovation and Infrastructure", United Nations in South Africa, 2015, https://southafrica.un.org/en/sdgs/9.

③ Schwab, K., "The Fourth Industrial Revolution: What It Means and How to Respond", World Economic Forum, June 14, 2016, https://www.weforum.org/agenda/2016/01/the-fourth-industrial-revolution-what-it-means-and-how-to-respond/.

④ Omri, A., "Technological Innovation and Sustainable Development: Does the Stage of Development Matter?" *Environmental Impact Assessment Review*, No. 83, 2020, https://doi.org/10.1016/J.EIAR.2020.106398.

济及环境的可持续性。可持续发展的 17 项目标寻求消除贫困、饥饿、艾滋病以及对妇女和女童的歧视，让所有人获得清洁水和卫生设施，负担得起清洁能源，通过提供体面工作和实现包容性经济增长创造发展机会，促进创新、建设有韧性的基础设施，创建能够可持续生产与消费的社区与城市，减少世界上不平等现象，通过应对气候变化、保护海洋与陆地生态系统来维护环境的完整性，促进各机构之间的合作，营造一个和平、公正的环境，并建立有利于实现发展目标的合作伙伴关系。[①] 已有资料表明，可持续发展旨在实现社会进步、环境平衡和经济发展，探究南非如何将可持续发展目标纳入本国规划至关重要。

三 南非及非洲对落实 2030 年议程所做贡献

可持续发展目标旨在 2015—2030 年，通过整合社会、经济及环境三个发展维度实现长期发展。[②] 2030 年议程及其可持续发展目标确定后，一些国家就开始根据本国国情落实全球议程，这一过程被称为本地化。可持续发展目标鼓励各国评估其国家规划框架是否符合全球议程，特别是可持续发展目标与国家优先事项和方案之间的相互作用。《非洲联盟 2063 年议程》（以下简称《2063 年议程》）也获得了 2030 年议程

---

① United Nations, "Sustainable Development Goal 9: Industry, Innovation and Infrastructure", United Nations in South Africa, 2015, https://southafrica.un.org/en/sdgs/9.

② United Nations, "Sustainable Development Goal 9: Industry, Innovation and Infrastructure", United Nations in South Africa, 2015, https://southafrica.un.org/en/sdgs/9.

的认可与支持。① 虽然南非在实现许多可持续发展目标方面取得了进展，但它仍然面临着诸多艰巨的挑战。

由于新冠疫情的影响，南非、非洲乃至全球许多国家面临的贫困、失业、不平等方面的挑战更加突出。距离2030年还有不到10年的时间，加上政府对国家优先事务以及两个可持续发展议程的承诺，审查并重新评估南非在实施《国家发展规划》（NDP）及其2019—2024年中期战略框架方面采取的途径至关重要。②

南非就《国家发展规划》13个章节中列出的所有优先事务及行动进行了评估，并与169个可持续发展目标以及39个《2063年议程》优先领域进行了比较。③ 评估与比较的内容包括《国家发展规划》对可持续发展目标或《2063年议程》优先领域的影响、受益人口以及《国家发展规划》干预所带来的影响。比较结果表明，《国家发展规划》与74%的可持续发展目标相符④，26%的可持续发展目标未纳入《国家发展规划》之中。一些可持续发展目标不适用于南非。换言之，南非的许多目标

---

① UNDP Africa, "Sustainable Development Goals", April 21, 2022, https://www.africa.undp.org/content/rba/en/home/sustainable-development-goals.html.

② National Planning Commission, "Mapping the National Development Plan to the United Nations and African Union Sustainable Development Agendas", 2021, www.nationalplanningcommission.org.za.

③ National Planning Commission, "Mapping the National Development Plan to the United Nations and African Union Sustainable Development Agendas", 2021, www.nationalplanningcommission.org.za.

④ Odusola, A., "The Release of the Report on Mapping of the National Development Plan (NDP, Vision 2030) to the United Nations Sustainable Development Goals (SDGs 2030) and the African Union's Agenda 2063", UNDP South Africa, June 18, 2021, https://www.za.undp.org/content/south_africa/en/home/blog/2021/the-release-of-the-report-on-mapping-of-the-national-development.html.

和战略都与可持续发展目标相关联，但并未在《国家发展规划》的范围内予以实施。而95%的《国家发展规划》符合《非洲联盟2063年议程》。① 南非在落实2030年议程方面正在取得进展。例如，南非正在改进第9项可持续发展目标"产业、创新和基础设施"的落实工作。再如，近年来，南非研发总支出占国内生产总值的百分比略有增加。南非目前正在实施一系列计划，以促进能效提高、绿色交通、可持续住房和气候适应性农业发展。任何一个可持续发展目标的落实都有助于同时实现其他一些可持续发展目标。例如，解决气候变化问题有利于解决能源安全、健康、生物多样性及海洋相关问题。可持续发展目标并非彼此独立，而是相互关联的。泰勒（Taylor）建议各国应综合分析某几个目标，以确定最有可能起推动作用且实现多重影响的目标，并以此为切入点全面落实整个议程。

南非积极履行国际责任，确保本国计划与举措能够契合可持续发展目标，能够全面体现2030年议程的核心特征以及"不让任何国家掉队"的宗旨。② 2030年议程还提出了其他一些要求，其中包括将可持续发展作为所有发展计划的核心；将可持续发展的社会、经济及环境层面纳入谋求人类发展的所有领域；

---

① Odusola, A., "The Release of the Report on Mapping of the National Development Plan (NDP, Vision 2030) to the United Nations Sustainable Development Goals (SDGs 2030) and the African Union's Agenda 2063", UNDP South Africa, June 18, 2021, https://www.za.undp.org/content/south_africa/en/home/blog/2021/the-release-of-the-report-on-mapping-of-the-national-development.html.

② Department of Planning Monitoring and Evaluation, "Private Sector Contribution to South Africa's 2019 Voluntary National Review on Sustainable Development Goals", 2019, www.globalcompactsa.org.za.

推动经济转型，以增加就业和实现包容性增长；为所有人构筑和平，建设有效、开放且负责的机构；打造新的全球伙伴关系。然而，受新冠疫情影响，一些可持续发展目标的实现会有所推迟。

对南非而言，评估本国在实现可持续发展目标方面的进展至关重要。南非在良好健康与福祉、清洁饮水和卫生设施、经济适用的清洁能源、产业创新和基础设施、可持续城市和社区、气候行动、促进目标实现的伙伴关系这七项可持续发展目标方面都有进展。南非已认识到技术创新及可持续发展的重要性。2030年议程为南非提供了一个框架，使其能够确定并应对最为紧迫、复杂的发展挑战。要在2030年前解决这些困难，必须在以往成就的基础上再接再厉，从过去的错误中吸取教训并寻找到开创性的新方法。南非将全力投入，积极落实2030年议程。

南非政府通过各类机构实施了许多与可持续发展目标相关的计划，为在本国全面落实可持续发展目标创造了有利的环境。《加速行动倡议》（Operation Phakisa）是由南非政府为落实《国家发展规划》而采取的措施之一。《加速行动倡议》聚焦于海洋经济、健康、教育、采矿、生物多样性经济、农业、土地改革与农村发展，化学品与废品循环经济。由政府发起的行动计划还包括生态系统工作、青年环境服务和公共工程扩建计划。

此外，隶属于联合国全球契约组织的全球契约南非网络（GCNSA）帮助企业与其他利益攸关方开展合作，以解决国家及全球共同关注的问题，如贫困、不平等和环境恶化等。① 全球契约南非网络的主要目的是收集私营部门对可持续发展目标所做贡献的相关信息。因此，南非私营部门制定了一个优先顺序框架，以确保实现关键目标，同时推进其他目标。

非洲一直都在加紧落实2030年议程，并设立了作为"技术促进机制"（TFM）内容之一的"科学、技术和创新促进可持续发展目标多利益攸关方论坛"（"科技创新论坛"）。②《亚的斯亚贝巴行动议程》确立了技术促进机制，该机制最初通过2030年议程设立，旨在帮助各国政府实现可持续发展目标。

此次全球论坛活动由联合国科学技术创新促进可持续发展目标跨机构任务小组（IATT）组织筹办，并得到了联合国秘书长任命的一个10人小组的支持，该小组成员来自私营部门、科学界以及民间组织。此次论坛活动于2022年3月1—2日举行，主要议题包括：围绕实现可持续发展目标的主题领域开展科技创新合作；凝聚所有利益攸关方的力量，积极贡献各自领域的专业知识；为促进利益攸关方互动提供契机，为利益攸关方开展合作牵线搭桥，以实现可持续发展目标。③

这表明，非洲正在努力确保可持续发展目标在非洲诸项规划中处于优先地位。尽管存在重重障碍，但非洲已在实现可持

---

① United Nations, "South Africa's Implementation of the 2030 Agenda for Sustainable Development 'Solving Complex Challenges together'", 2019, https://sustainabledevelopment.un.org/content/documents/23402SOUTH_AFRICA_RSA_Voluntary_National_Review_Report_Final__14_June_2019.pdf.

② UNESCO, "African Regional Science Technology and Innovation Forum", March 2022, https://events.unesco.org/event?id=1223586532&lang=1033.

③ UNESCO, "African Regional Science Technology and Innovation Forum", March 2022, https://events.unesco.org/event?id=1223586532&lang=1033.

续发展目标方面取得了一定进展，包括之前提到的在落实 2030 年议程以及《2063 年议程》方面的进展。非洲需要将疫情作为跳板，加快落实进度，采用更加明智的措施，加大对推动人类发展的投入。由联合国教科文组织（UNESCO）、非洲联盟委员会（AUC）和南非科学与创新部联合举办的第四届非洲区域科技与创新论坛以及其他论坛活动，可以帮助非洲更快地从疫情中恢复过来，同时推动全面落实 2030 年议程，并深度审视各项可持续发展目标。

为使科学、技术与创新做出有效贡献，需要加强与科技创新相关的制度安排。可持续发展目标的宗旨之一是"不让任何国家掉队"，因此制度安排需要多方参与，涵盖科技和创新治理、政策制定与落实、技术开发与部署、研发资助领域的人员，促进或推动科技与创新等领域的关键参与者之间的伙伴关系搭建。[1] 必须加强科技与创新，以推动非洲全面落实 2030 年议程。新冠疫情给全球带来了前所未有的冲击，全球伙伴关系面临着财政资源匮乏、贸易紧张、技术障碍等诸多挑战。第四届非洲区域科技与创新论坛等活动为企业对接、建立人脉关系、达成合作伙伴关系提供了机会，进而实现可持续发展、创造就业以及扶贫的目标。此外，这些论坛还可以帮助非洲在面对不平等问题的情况下，确保"不让任何国家掉队"的目标。非洲虽面临诸多挑战，但正在努力实现适度的改善。

---

[1] United Nations, "Science, Technology and Innovation (STI) for SDGs Roadmaps", 2020, https：//doi. org/10. 2760/724479.

四 技术创新与可持续发展的作用

技术创新很重要，因为从根本上讲，长期发展就是利用技术提高生产力、形成新理念。有力的证据表明，全要素生产率（TFP）在解释已发现的国与国之间在人均劳动收入和经济增长模式方面的差异上起着重要作用，而技术变革则是全要素生产率的重要决定因素。①

发展是各国的共同愿望，发展中国家尤其期盼发展。在新冠疫情的持续影响下，经济与社会活动的恢复一直都不均衡。②贫困国家面临着诸多挑战。联合国2030年议程面临着新的挑战。疫情正在破坏多年来在医疗、教育和扶贫方面所取得的进展。许多国家特别是发展中国家受疫情影响，经济增长受到抑制，有的甚至重新陷入贫困与不稳定之中。因此，推动2030年议程保持良好势头至关重要。

整个世界倍受全球发展问题困扰之际，中国国家主席习近平在第76届联合国大会上提出了"全球发展倡议"（GDI），提议尽快落实2030年议程，以实现更加强劲、绿色、健康的全球发展。③ "全

---

① Cooper, R. N., & Helpman, E., "The Mystery of Economic Growth", *Foreign Affairs*, Vol. 83, Issue 6, 2004, https://doi.org/10.2307/20034157.

② Winck, B., "Russia's invasion is hobbling the global economic recovery from the pandemic, World Bank says", *Business Insider*, April 19, 2022, https://www.businessinsider.co.za/russia-ukraine-invasion-slowing-global-economic-recovery-world-bank-outlook-2022-4.

③ Helmy, N., "Xi Jinping's Global Development Initiative and the Sustainable Development Agenda of China-Africa in 2030-Modern Diplomacy", *Modern Diplomacy*, November 30, 2021, https://moderndiplomacy.eu/2021/11/30/xi-jinpings-global-development-initiative-and-the-sustainable-development-agenda-of-china-africa-in-2030/.

球发展倡议"是应对发展中国家所面临的发展挑战的中国方法，向全世界开放，欢迎所有国家的参与。中国愿意与世界各国一道努力，共同落实这一倡议，以弥合差距，消除国家内部及国家之间的不平等。自该倡议于2021年9月提出以来，包括联合国在内的近100个国家及组织都对该倡议表示了支持。①

这项倡议得到诸多人士支持——包括联合国秘书长安东尼奥·古特雷斯及联合国副秘书长阿米娜·穆罕默德，他们于2022年1月在"全球发展倡议之友小组"会议上发言称，② 该倡议对于促进全球平等、平衡以及可持续发展来说都非常重要，能够帮助国际社会实现"一个都不能少"的目标。很多国家都愿意与中国建立联系，推动合作。

"全球发展倡议"提出坚持发展优先，旨在满足发展中国家的独特需求。考虑到全球发展面临的新机遇与严峻挑战，该倡议确定了八个优先合作领域，包括扶贫、粮食安全、疫情与疫苗、发展筹资、气候变化与绿色发展、工业化、数字经济与互

---

① Helmy, N., "Xi Jinping's Global Development Initiative and the Sustainable Development Agenda of China-Africa in 2030-Modern Diplomacy", *Modern Diplomacy*. November 30, 2021, https://moderndiplomacy.eu/2021/11/30/xi-jinpings-global-development-initiative-and-the-sustainable-development-agenda-of-china-africa-in-2030/; Hongxin, W., "GDI a platform for achieving progress, equality", *Chinadaily*, January 24, 2022, https://www.chinadaily.com.cn/a/202201/24/WS61ee7558a310cdd39bc82eb9.html.

② Helmy, N., "Xi Jinping's Global Development Initiative and the Sustainable Development Agenda of China-Africa in 2030-Modern Diplomacy", *Modern Diplomacy*. November 30, 2021, https://moderndiplomacy.eu/2021/11/30/xi-jinpings-global-development-initiative-and-the-sustainable-development-agenda-of-china-africa-in-2030/; Xinping, W., & Yichun, Y., "Global Development Initiative will Respond to the Needs of All Countries", March 24, 2022, http://en.qstheory.cn/2022-03/24/c_727714.htm.

联互通。①

"全球发展倡议"追求以人为本的发展,以增进人民福祉、实现人的全面发展为出发点和最终目标,努力满足各国人民对更美好生活的渴望。该倡议力求发展保护和促进人权,特别是包括妇女、儿童和其他弱势群体在内的所有人的生存权和发展权,并为国际人权事业做出贡献。

"全球发展倡议"力求促进实现惠及所有人的包容性发展,重点解决国家之间和国家内部发展不平衡和发展不足的问题。②该倡议关注发展中国家,特别是最不发达国家、小岛屿发展中国家和内陆发展中国家面临的特殊发展困难。

"全球发展倡议"与2030年议程的目标一致,呼吁加强全球发展合作伙伴关系,支持联合国在实施2030年议程方面发挥全面协调作用,并推动多边发展合作进程,进而助力实现可持续发展目标。③ "全球发展倡议"是中国坚定支持多边主义和2030年议程的具体表现。

---

① Helmy, N., "Xi Jinping's Global Development Initiative and the Sustainable Development Agenda of China-Africa in 2030-Modern Diplomacy", *Modern Diplomacy*, November 30, 2021, https://moderndiplomacy.eu/2021/11/30/xi-jinpings-global-development-initiative-and-the-sustainable-development-agenda-of-china-africa-in-2030/.

② Helmy, N., "Xi Jinping's Global Development Initiative and the Sustainable Development Agenda of China-Africa in 2030-Modern Diplomacy", *Modern Diplomacy*, November 30, 2021, https://moderndiplomacy.eu/2021/11/30/xi-jinpings-global-development-initiative-and-the-sustainable-development-agenda-of-china-africa-in-2030/.

③ Jianguo, X., "Signed Article by H. E. Dr. Xiao Jianguo, Chinese Ambassador to Timor-Leste, Published on Timor Post", *Chinese Embassy*, February 25, 2022, http://tl.chineseembassy.org/eng/xwdt/202202/t20220227_10645984.htm.

中国落实"双碳"目标与推动落实全球发展倡议

陈　迎[*]

摘　要：应对气候变化是联合国2030年可持续发展议程的一个重要目标，也是中国提出的"全球发展倡议"的重点合作领域之一。自2020年9月22日习近平在联合国大会上提出"二氧化碳排放力争于2030年前达到峰值，努力争取2060年前实现碳中和"目标以来，为落实"双碳"目标，中国积极构建"1+N"政策体系，出台了大量政策措施，并积极行动，付出了艰苦的努力。本文聚焦气候变化和绿色发展，探讨中国落实"双碳"目标面临的挑战和机遇，通过梳理中国落实"双碳"目标的政策行动和取得的成效，分享对"全球发展倡议"的认识和理解。

关键词："双碳"目标；全球发展倡议；气候变化

2015年9月在美国纽约召开的联合国发展峰会通过了成果文件《变革我们的世界：2030年可持续发展议程》（以下简称

---

[*] 陈迎，中国社会科学院生态文明研究所研究员。

2030 议程），提出 "5P"（People, Planet, Prosperity, Peace, Partnership）理念，其核心是可持续发展目标（SDGs），包括 17 个领域 169 项具体目标。① 发展是人类社会的永恒追求，落实 2030 议程是当前国际发展合作的核心任务。虽然取得了一些进展，但 2022 年 6 月最新发布的联合国可持续发展解决方案网络（SDSN）报告《可持续发展报告 2022 年》② 显示，在同时发生的多重国际危机之下，SDGs 这一全球目标的进展停滞不前。

2021 年 9 月 21 日，中国国家主席习近平在第七十五届联合国大会一般性辩论中提出"全球发展倡议"，响应了当前国际社会特别是广大发展中国家的共同期待，体现了中国关于全球未来发展的战略远见，为世界各国携手合作、共克时艰注入了信心和正能量，为全球共同发展指明了方向。"全球发展倡议"的核心内容是"六个坚持"，系统阐释了为什么要发展、发展为了谁、发展依靠谁、如何发展等一系列事关全球发展的基本理论问题。一是"坚持发展优先"，构建更加平等均衡的全球发展伙伴关系；二是"坚持以人民为中心"，不断增强民众的幸福感、获得感、安全感；三是"坚持普惠包容"，着力解决国家间和各国内部发展不平衡、不充分问题；四是"坚持创新驱动"，挖掘疫后经济增长新动能，携手实现跨越发展；五是"坚持人与自然和谐共生"，完善全球环境治理，积极应对气候变化，构建人

---

① 《变革我们的世界：2030 年可持续发展议程》，2015 年 10 月 21 日，联合国大会，http://www.un.org/ga/search/view_doc.asp?symbol=A/RES/70/1&Lang=C。

② J. Sachs et al., *From Crisis to Sustainable Development: the SDGs as Roadmap to 2030 and Beyond. Sustainable Development Report* 2022, Cambridge: Cambridge University Press, 2022.

与自然生命共同体；六是"坚持行动导向"，加大发展资源投入，构建全球发展命运共同体。倡议遵循务实合作的行动指南，把握全球发展脉搏和迫切需求，把减贫、粮食安全、抗疫和疫苗、发展筹资、气候变化和绿色发展、工业化、数字经济、互联互通等作为重点合作领域，提出合作设想和方案，将发展共识转化为务实行动。"全球发展倡议"是中国为国际社会提供的重要公共产品和合作平台。

气候变化严重威胁自然生态系统和人类可持续发展，应对气候变化刻不容缓，需要加速全球绿色发展转型。本文聚焦"全球发展倡议"优先领域之一的应对气候变化和绿色发展，梳理中国落实"双碳"目标的政策行动和取得的成效，分享对"全球发展倡议"的认识和理解。

一 中国落实"双碳"目标的挑战和机遇

根据政府间气候变化专门委员会（IPCC）第六次评估报告（AR6）第三工作组（WGIII）的结论，全球二氧化碳排放正处于人类历史的最高水平。如果延续当前的减排政策，不能实现《巴黎协定》的全球长期目标。相比工业革命以前，要将全球升温控制在1.5℃，全球二氧化碳排放需要在2050年前后实现碳中和；而要将全球升温控制在2℃，全球二氧化碳排放需要在2070年前后实现碳中和，同时还要大力减少甲烷等非二氧化碳温室气体的排放。[①] 迄今为止，全球已有大约130个国家和国家

---

① P. R. Shukla et al. , *Climate Change* 2022: *Mitigation of Climate Change*, Cambridge: Cambridge University Press, 2022.

集团提出了净零排放、气候中和或碳中和目标，开启了全球碳中和的新进程。

（一）什么是"双碳"目标？

2020年9月22日，中国国家主席习近平在第七十五届联合国大会一般性辩论中向国际社会郑重宣布："中国将提高国家自主贡献力度，采取更加有力的政策和措施，二氧化碳排放力争于2030年前达到峰值，努力争取2060年前实现碳中和。"[①] 碳排放的最高点即为峰值，碳达峰是指二氧化碳排放由上升转为稳定下降的过程。碳达峰意味着经济增长与碳排放之间绝对脱钩，由于达峰过程存在波动性，一般需要过5年后回溯确认。中国自2005年以来单位GDP的碳排放强度持续下降，但碳排放量的绝对值尚未达峰。碳排放主要来自能源、工业、交通、建筑、废弃物处理等部门。应对气候变化，一方面要从碳排放的源头大力减排，另一方面还要通过植树造林和人工手段积极固碳增汇。碳中和就是指一段时间内人为碳排放源与人为碳吸收汇达到平衡的状态。碳达峰、碳中和简称"双碳"目标。

（二）挑战和机遇并存

中国提出"双碳"目标，是经过深思熟虑做出的重大战略决策。一方面是履行《巴黎协定》下的国际义务，加强应对气候变化和绿色发展的国际合作；另一方面也是自身高质量发展和可持续发展的内在需求。实现"双碳"目标面临严峻的挑战，

[①] 《习近平在第七十五届联合国大会一般性辩论上的讲话（全文）》，2020年9月22日，新华网，http://www.qstheory.cn/yaowen/2020-09/22/c_1126527766.htm。

也蕴含重大的发展机遇,是一场广泛而深刻的社会经济变革,事关中华民族永续发展和构建人类命运共同体。

首先,实现"双碳"目标时间紧、任务重。2021年4月16日,中国国家主席习近平在出席中法德领导人视频峰会时用"三个最"精辟概括了中国面临严峻的挑战,彰显了大国担当。"中国作为世界上最大的发展中国家,将完成全球最高碳排放强度降幅,用全球历史上最短的时间实现从碳达峰到碳中和。这无疑将是一场硬仗。"[1] 英国早在20世纪70年代就实现了碳达峰,到2050年碳中和有70多年。美国2007年实现碳达峰,到2050年碳中和也有43年。而中国仅有30年时间,转型过程时间很紧、任务艰巨。

其次,改变以煤炭为主的能源结构挑战巨大。煤炭是含碳量最高的化石能源,实现"双碳"目标,能源要先行。能源绿色低碳转型需要加快发展风电、太阳能发电,因地制宜开发水电、生物质发电,积极安全有序发展核电,逐步替代煤电,构建以新能源为主体的新型电力系统。中国是世界上少有的以煤炭为主要能源的国家,虽然煤炭占一次能源消费的比重已从2011年的70.2%下降到2020年的56.8%,但火力发电量仍占63%,单位能源的二氧化碳排放强度比世界平均水平高约30%。要逐步控制和减少煤炭的使用,必须综合考虑经济发展、社会稳定、能源安全、环境保护等多目标协同,既要坚定不移,又要科学有序推进,挑战巨大。

---

[1] 《习近平同法国德国领导人举行视频峰会》,2021年4月16日,中华人民共和国中央人民政府网,http://www.gov.cn/xinwen/2021-04/16/content_5600155.htm。

然后，优化产业结构、促进工业绿色低碳转型和出口产业升级挑战巨大。长期以来，中国作为制造业大国产业结构偏重，2006年第二产业占比47.6%，重工业占比高达69%。2020年，第二产业占比已降至37.8%，但中国单位GDP能耗仍偏高，大约是世界平均水平的1.5倍，是发达国家的2—3倍。除此之外，中国还是"世界加工厂"，通过国际贸易向国际市场出口大量工业产品，其中不少是附加值并不高的中低端产品，而生产这些产品的大量隐含碳排放都算在中国生产侧碳排放账户中。要通过绿色技术和产业结构优化，大力推进工业绿色低碳转型和出口产业升级，挑战巨大。

最后，尽管实现"双碳"目标面临诸多风险和严峻挑战，但也存在重大发展机遇。中国提出"双碳"目标是国际碳中和进程的重要组成部分，体现中国作为负责任大国的大国担当。事实上，中国提出"双碳"目标，并非迫于国际减排压力。全球正处于以可再生能源替代油气的第三次能源大转型之中，与能源转型相伴的是新一轮技术革命和产业革命的重大发展机遇。碳中和相关技术将是未来国际竞争的重要领域。"双碳"目标与中共十九大提出的建设社会主义现代化强国和美丽中国建设的两阶段发展目标高度契合，是自身可持续发展的内在需求，也是经济高质量发展和增强国际竞争力的必由之路。

二 中国落实"双碳"目标的政策体系和社会基础

中国提出"双碳"目标后，以"言必信，行必果"的态度，迅速对落实"双碳"目标进行了部署，将落实"双碳"目标作为一项全局性、长期性的工作，纳入生态文明建设的整体布局，以"双碳"目标为引领，与经济、科技、文化、社会、生态等方面的工作协同推进。

（一）中长期顶层设计和总要求

2021年5月26日，中央层面成立了碳达峰碳中和工作领导小组，加强对"双碳"工作的领导。2021年9月22日，《中共中央 国务院关于完整准确全面贯彻新发展理念做好碳达峰碳中和工作的意见》（以下简称《意见》），这份重要文件是指导"双碳"工作的顶层设计和总要求。《意见》强调，要立足新发展阶段，贯彻新发展理念，构建新发展格局；处理好发展和减排、整体和局部、短期和中长期的关系；遵循全国统筹、节约优先、双轮驱动、内外畅通、防范风险的原则；分三个阶段提出主要目标：到2025年，绿色低碳循环发展的经济体系初步形成，重点行业能源利用效率大幅提升。到2030年，经济社会发展全面绿色转型取得显著成效，重点耗能行业能源利用效率达到国际先进水平。到2060年，绿色低碳循环发展的经济体系和清洁低碳安全高效的能源体系全面建立，能源利用效率达到国际先进水平，非化石能源消费比重达到80%以上，碳中和目标顺利实现，生态文明建设取得丰硕成果，开创人与自然和谐共生新境界。为了实现该目标，《意见》制定了11个领域的35项政策措施，包括推进经济社会发展全面绿色转型、深度调整产业结构、加快构建清洁低碳安全高效能源体系、加快推进低碳交通运输体系建设、提升城乡建设绿色低碳发展质量、加强绿色低碳重大科技攻关和推广应用、持续巩固提升碳汇能力、提高对外开放绿色低碳发展水平、健全法律法规标准和统计监测体系、完善政策机制以及切实加强组织实施等。

(二) 近中期具体目标和行动方案

2021年10月24日，《国务院关于印发2030年前碳达峰行动方案的通知》在《意见》的指导下提出近中期具体目标和行动方案。到2025年，非化石能源消费比重达到20%左右，单位国内生产总值能源消耗比2020年下降13.5%，单位国内生产总值二氧化碳排放比2020年下降18%，为实现碳达峰奠定坚实基础。到2030年，非化石能源消费比重达到25%左右，单位国内生产总值二氧化碳排放比2005年下降65%以上，顺利实现2030年前碳达峰目标。

围绕碳达峰目标，提出十大行动方案，包括能源绿色低碳转型行动、节能降碳增效行动、工业领域碳达峰行动、城乡建设碳达峰行动、交通运输绿色低碳行动、循环经济助力降碳行动、绿色低碳科技创新行动、碳汇能力巩固提升行动、绿色低碳全民行动以及各地区梯次有序碳达峰行动。

(三) 全社会的支持和参与

落实"双碳"目标，除上述两份重要文件之外，相关部门还牵头制定了能源、工业、城乡建设、交通运输、农业农村等重点领域，钢铁、石化化工、有色金属、建材、石油天然气等重点行业的实施方案，以及科技支撑、财政、金融、碳汇能力、统计核算和督查考核等方面的保障方案，都将陆续出台，共同构成"双碳"工作的"1+N"政策体系。

各省（自治区、直辖市）地方政府也积极结合当地社会经济发展水平和资源禀赋特征，探索和制定适合本地实际情况落实"双碳"目标的政策和措施。中国自2010年分三批启动了低碳城市试点，87个省区以低碳经济为发展模式及方向、市民以低碳生活为理念和行为特征、政府公务管理层以低碳社会为建设标本和蓝图的城市，组织开展低碳省区和低碳城市试点建设工作。① 这些低碳试点城市在落实"双碳"目标中起到先锋示范作用。

在"双碳"政策体系的引导下，越来越多的企业开始关注气候变化和"双碳"政策，结合本行业发展规划加强环境、社会和公司治理（ESG），调整企业发展战略，提出自己的"双碳"目标。此外，结合世界环境日、节能宣传周和全国低碳日等活动的科普宣传，倡导简约适度、绿色低碳、文明健康的生活方式，社会公众的"双碳"意识也在不断增强，绿色低碳理念日益深入人心。越来越多的普通人认同并积极践行"光盘行动"，反对食物浪费，自觉节约用电、节约用水、节约用纸、减少一次性用品的使用。总之，全社会积极支持和主动参与落实"双碳"目标的良好氛围已初步形成。

---

① 周枕戈、庄贵阳、陈迎：《低碳城市建设评价：理论基础、分析框架与政策启示》，《中国人口·资源与环境》2018年第6期。

三 中国以"双碳"目标推动绿色低碳发展转型的主要成果[①]

中国自"十一五"时期首次提出定量节能目标,从"十二五"开始,中国将单位国内生产总值(GDP)二氧化碳排放(碳排放强度)下降幅度作为约束性指标纳入国民经济和社会发展规划纲要,每5年更新目标,不断加大政策实施力度,绿色低碳发展取得显著成效。

第一,经济增长与碳排放相对脱钩。2020年中国GDP比2005年增长超4倍,近1亿农村贫困人口脱贫,提前10年完成联合国可持续发展目标(SDGs)的减贫任务。与此同时,2020年中国碳排放强度比2015年下降18.8%,超额完成"十三五"约束性目标;比2005年下降48.4%,超额完成了中国向国际社会承诺的到2020年下降40%—45%的目标,累计少排放二氧化碳约58亿吨,基本扭转了二氧化碳排放快速增长的局面,较好地实现了经济增长与碳排放的相对脱钩。

第二,建立全球最大的绿色低碳能源体系。根据行业统计,截至2021年10月底,中国可再生能源发电累计装机容量突破10亿千瓦,比2015年年底实现翻番,占全国发电总装机容量的比重达到43.5%,比2015年年底提高10.2个百分点。其中,水电、风电、太阳能发电和生物质发电装机均持续保持世界第

[①] 《〈中国应对气候变化的政策与行动〉白皮书(全文)》,2021年10月27日,中华人民共和国国务院新闻办公室,http://www.scio.gov.cn/zfbps/32832/Document/1715491/1715491.htm。

一。① 非化石能源发电量占全社会用电量的比重达到 1/3 以上。中国的清洁能源发电量占全球的 40.8%，已成为全球最大的可再生能源市场和全产业链生产制造基地。

第三，节能降碳，严格控制煤炭消费。2011—2020 年，中国能耗强度累计下降 28.7%，是全球能耗强度下降最快的国家之一。截至 2020 年年底，火电厂平均供电煤耗降至 305.8 克标准煤/千瓦时，较 2010 年下降超过 27 克标准煤/千瓦时，持续保持世界先进水平，供电能耗降低使 2020 年火电行业相比 2010 年减少二氧化碳排放 3.7 亿吨。通过严控煤炭消费，大力开发和利用清洁能源，如 2020 年年底中国北方地区冬季清洁取暖率已提升到 60% 以上，中国能源结构不断优化，煤炭占能源消费总量比重由 2005 年的 72.4% 下降至 2020 年的 56.8%。

第四，优化产业结构，产业绿色低碳化和绿色低碳产业化齐头并进。2020 年中国第三产业增加值占 GDP 比重达到 54.5%，比 2015 年提高 3.7 个百分点，高于第二产业 16.7 个百分点。对石化、化工、煤化工、焦化、钢铁、建材、有色、煤电等传统重点行业，加速转型升级，并坚决遏制高耗能高排放项目盲目发展，2020 年中国单位工业增加值二氧化碳排放量比 2015 年下降约 22%。与此同时，大力鼓励新能源产业蓬勃发展。如中国新能源汽车生产和销售规模连续 6 年位居全球第一，截至 2021 年 6 月，新能源汽车保有量已达 603 万辆。截至 2020 年年底，中国多晶硅、光伏电池、光伏组件等产品产量占全球总产量份额均位居全球第一，连续 8 年成为全球最大新增光伏市场；光伏产品出口到世界各地，降低了全球清洁能源使用成

---

① 《我国可再生能源发电装机容量超 10 亿千瓦》，《人民日报》2021 年 11 月 29 日。

本；新型储能装机规模约330万千瓦，位居全球第一。

第五，增强生态系统固碳增汇能力。2010—2020年，中国实施退耕还林还草约1.08亿亩。到2020年年底，全国森林面积2.2亿公顷，全国森林覆盖率达到23.04%，草原综合植被覆盖度达到56.1%，湿地保护率超过50%，森林植被碳储备量91.86亿吨。中国建立了国家级自然保护区474处，面积超过国土面积的1/10，累计建成高标准农田8亿亩，整治修复岸线1200千米，滨海湿地2.3万公顷，有效保护和增强生态系统碳汇能力。2022年5月，中国气候变化事务特使解振华在达沃斯世界经济论坛上宣布，中国将积极响应世界经济论坛的"全球植万亿棵树"领军者倡议，2021—2030年的10年内将力争种植、保护和恢复700亿棵树，为应对气候变化和增加全球森林碳汇做出中国的新贡献。[①]

四 以"全球发展倡议"为平台加强国际气候治理与合作

应对气候变化作为SDG中的第13个目标，与可持续发展具有双向互动密不可分的关系。一方面，气候变化不仅是全球地表平均温度的变化，还直接影响水资源分布、农业生产和粮食安全，危害人体健康，加剧冰川退缩、海冰减少、海平面上升、海洋酸化等，给人类赖以生存的地球生态环境和人类社会的可

---

① 《中国力争在2030年前保护、恢复和种植700亿棵树》，2022年5月30日，国家林业和草原局政府网，https://www.forestry.gov.cn/main/586/20220530/090035919627950.html。

持续发展带来严重的现实威胁。另一方面，自工业革命以来，人类活动燃烧化石能源、工业过程以及农林和土地利用排放的大量二氧化碳滞留在大气中，这是造成全球气候变化的主要原因。换言之，气候变化是人类不可持续发展模式的产物。只有在可持续发展的框架内，实现发展方式的根本转型，才可能从根本上解决气候变化问题。

气候变化给各国经济社会发展和人民生命财产安全带来严重威胁，应对气候变化关系到最广大人民的根本利益。应对气候变化不仅是增强人民群众生态环境获得感的迫切需要，而且可以为人民提供更高质量、更有效率、更加公平、更可持续、更为安全的发展空间。各国需要根据自身具体国情，探索应对气候变化与发展经济、创造就业、消除贫困、保护环境等多目标协同的转型发展路径，保障弱势群体利益，实现公正转型。

2022年是一个特殊的年份，全球新冠疫情还在继续，俄乌冲突爆发且愈演愈烈，全球粮食、能源、金融、供应链等多重危机显现，国际政治、经济、安全秩序危机四伏，全球落实2030年可持续发展议程来之不易的成果可能被多重危机反噬。对气候变化而言，俄乌冲突对全球能源转型的影响充满矛盾和不确定性。一方面，一些高度依赖从俄罗斯进口能源的欧洲国家，不得不暂时放慢关闭煤电厂的计划，甚至重启煤电、核电，以应对能源供应紧缺和能源价格上涨，给碳中和目标带来一定的不利影响；另一方面，欧盟也在积极寻求能源进口渠道的多样化，大力节能，加快发展可再生能源，长期来看，有利于从根本上摆脱对俄罗斯进口能源的依赖。

应对全球可持续发展的多重危机，人类社会唯有加强团结、合作应对。2022年6月2—3日在世界环境日前夕，为纪念1972年联合国人类环境会议，在瑞典斯德哥尔摩以"一个健康的地球促进所有人的繁荣——我们的责任，我们的机会"为主题召开了一场高级别"斯德哥尔摩+50"国际环境会议。联合国秘书长古特雷斯在讲话中指出，全球面临三重危机（Triple Planetary Crisis），即气候变化、生物多样性损失、污染和废弃物，呼吁所有国家携手为保护每个人都享有清洁、健康环境的基本人权而付出更多努力，全面落实2030年可持续发展议程，努力履行《巴黎协定》，实现2050年净零排放目标。①

"全球发展倡议"以人民为中心，加快落实2030年可持续发展议程，推动实现更加强劲、绿色、健康的全球发展，不仅是应对气候变化的根本之道，也是破解全球可持续发展多重危机的金钥匙。2022年1月20日，"全球发展倡议之友小组"首次会议在纽约联合国总部举行，100多个国家的代表和80多国常驻代表出席会议，获得了各方的广泛支持，说明"全球发展倡议"具备行稳致远的基本条件。②

自1990年拉开政府间气候变化谈判的帷幕，到1992年签署《联合国气候变化框架公约》，1997年签署《京都议定书》，2015年签署《巴黎协定》，国际气候进程经过30多年的发展演进，已经构建了应对气候变化的国际制度框架，在很多问题上取得了政治共识。在《巴黎协定》下，各国提出了面向2030年

---

① "Rescue Us from Our Environmental 'Mess'", 2 Jun 2022, UN chief urges Stockholm summit, https://www.stockholm50.global/news-and-stories/rescue-us-our-environmental-mess-un-chief-urges-stockholm-summit.
② 《"全球发展倡议之友小组"正式成立外交部：全球发展倡议属于全世界》，2022年1月24日，环球网，https://world.huanqiu.com/article/46XB89Hk0tc。

的国家自主贡献以及长期低排放发展战略，大多数国家提出了净零排放、气候中和或碳中和目标。尽管各国国情各异，气候政策和立场不尽相同，但通过技术创新、发展绿色金融，应用多种政策工具，促进能源、工业、交通、建筑等领域的绿色低碳转型，是各国实现碳中和目标的共同路径，具有较强的合作意愿和广阔的合作空间。因此，应对气候变化和绿色发展应作为推进"全球发展倡议"国际合作的优先领域。以"全球发展倡议"为平台，加强国际气候治理与合作，促进各方将减排承诺转变为具体行动，既可以为全球碳中和进程提供新的动力，也是实现更加强劲、绿色、健康的全球发展目标的重要基础和保障。

第四编

全球发展伙伴关系与合作共赢

中国发展的世界意义

爱迪尔·阿卜杜拉提夫[*]

摘　要：中国在发展和现代化建设上取得了显著成果，尤其是在消除绝对贫困、工业化与就业、教育、创新和数字化等方面。中国走出了一条成功可借鉴且具有中国特色的发展道路，积累了诸多有益知识与经验。中国在脱贫和可持续发展方面取得重大成就的同时，也担负起越来越多的国际责任，并积极践行其国际倡议。2021年9月，中国提出"全球发展倡议"，优先重视发展。同时，中国作为全球南方国家中的一员，大力支持南南合作。中国的发展取得了怎样的成绩以及如何做到的，是思考中国发展成就世界意义的两个关键方面。知识和经验分享在国际发展中发挥着重要作用，在发展领域的知识和经验分享中，中国智库也发挥着特殊作用。多方和多形式的参与共同促进全球可持续发展目标的实现。

关键词：中国发展；减贫；全球发展倡议；知识与经验分享

---

[*] 爱迪尔·阿卜杜拉提夫，联合国南南合作办公室前代主任。本文源自作者采访稿《中国式现代化经验的世界意义》，《中国社会科学报》2021年12月27日第2317期，A01版。

一　中国发展的显著成果

中国在自身发展和现代化建设方面，走出了一条成功可借鉴且具有中国特色的道路，积累了诸多有益知识与经验。尤其是在减贫、工业化、就业、教育和创新等方面，中国的发展取得了诸多成绩。

首先是消除绝对贫困，这也当属最令人瞩目的成就。早在联合国千年发展目标（MDGs）时期，来自全球发展中国家的最重要贡献便是减贫。中国取得了卓越的减贫成效。尤其是近十年，中国持续推进其全国范围的减贫工作，并采取"精准扶贫"等政策和措施以消除贫困。正如中国国家主席习近平于2021年2月25日在中国脱贫攻坚总结表彰大会上所宣告的，中国脱贫攻坚战取得了全面胜利。这一脱贫成绩给予全球尤其是发展中国家更大的减贫信心，并向世界证明联合国可持续发展目标的第一项目标——"消除贫困"是可实现的。中国在脱贫方面的经验与优秀实践为全球南方国家提供了可借鉴的解决方案。

第二个显著的发展成果是中国的工业化与稳就业。工业化、城市化以及四十余年的改革开放，为中国带来了迅速的经济增长，加快了中国的现代化进程，并形成了全球最大的劳动力市场之一。过去数年间，中国实现了稳就业，其失业率一直保持在较低水平。中国经济的稳步增长和高质量发展是中国稳就业的关键。其中，服务业、私营部门以及中小企业的发展，创造了大量就业岗位。除了这些经济驱动力之外，中国政府秉持就业是最大的民生这一理念，实施就业优先政策。中国有效推行了一系列就业保障政策和措施,中国失业率保持在一个相对较低的水平。尤其是2008年中国颁布实施《中华人民共和国就业促进法》,随后中国陆续实施了一系列积极就业政策;2011年,中国进一步实施"就业优先战略",将促进就业作为中国经济社会发展的优先事项,为促进就业提供政策和资金支持,并开展大量的劳动者技能培训等。

第三是教育。教育是减贫和发展进程中对个人的赋权,教育对所有国家和民众而言都至关重要。中国的发展与教育方面的巨大投资和进步携手并进。根据中华人民共和国教育部相关数据,到2021年,中国大陆地区约有2756所普通高等学校。与此同时,还有数百万学生留学海外,2019年中国出国留学人员总数达70万左右。

第四是中国引领全球南方国家的创新和数字化。在第四次工业革命背景下,数字化对南方国家产生巨大影响,也带来了发展红利。数字化是诸多国家经济增长和经济转型升级的重要动力,也是应对危机和挑战的重要工具。中国在借力数字化促进经济社会发展和治理方面处于世界领先地位。数字化也是中国在南南合作中发挥引领性作用的重要领域。

二 中国积极参与全球发展治理

中国在脱贫和可持续发展方面取得重大成就的同时,在全球治理中也担负起越来越多的责任。自1971年中国恢复联合国合法席位以来,中国坚定地支持和践行多边主义,维护联合国在全球治理中的核心地位。中国是联合国常规预算的第二大出资国，在联合国维和以及南南合作等诸多项目中发挥了关键作用，致力于推进全球可持续发展。

作为全球南方国家中的一员，中国大力支持南南合作，积极参与和支持联合国机构推进南南合作，向联合国南南合作基金（UNFSSC）、联合国和平与发展基金（UN Peace and Development Fund）等提供财政支持。中国积极参加第二次联合国南南合作高级别会议暨布宜诺斯艾利斯行动计划四十周年会议（2nd High-level UN Conference on South-South Cooperation, BAPA + 40）、联合国南南合作高级别委员会（High-Level-Committee on South-South Cooperation）会议等，推进南南合作相关政策制定。

当今全球发展面临一系列挑战。在传统发展问题的基础上，受新冠疫情的影响，全球发展面临更为严峻的挑战。全球减贫也出现反弹。根据世界银行的数据，新冠疫情的影响加之国际冲突、气候变化等因素，2020年首次出现近20年来全球极端贫困的反弹。根据牛津贫困与人类发展倡议（OPHI）和联合国开发计划署（UNDP）联合发布的《2021年全球多维度贫困指数》报告，在被调查研究的109个国家的59亿人口中，13亿人口处于多维度贫困，而这些贫困人口中半数以上的人为18岁以下的人口，85%的人生活在撒哈拉以南的非洲和南亚地区，新冠疫情在发展中国家带来了更为严峻的影响，尤其在社会保险、收入和就学三个领域的不利影响进一步加剧了贫困①。贫困和疫情也进一步引发了深层次的经济社会问题。

---

① Oxford Poverty & Human Development Initiative (OPHI) and UNDP, "Global Multidimensional Poverty Index 2021_ Unmasking Disparities by Ethnicity, Caste and Gender", 2021, https：//hdr. undp. org/sites/default/files/2021_ mpi_ report_ en. pdf［2022 - 02 - 06］。

中国的发展取得了怎样的成绩以及如何做到的,是思考中国发展的世界意义的两个关键方面。中国发展经验与解决方案具有多样性,涉及多个领域,可供全球不同地区借鉴。例如,从地区或者省市的层面来看,中国中西部省份的发展经验和实践对一些发展中国家,尤其是欠发达国家更有借鉴意义。基于不同领域、不同层面的发展经验,中国与其他发展中国家,在推进南南合作上拥有巨大潜力,并且在多层次展开南南合作上有广泛空间。

三 知识分享,共享发展经验

知识和经验分享在国际发展中发挥着越来越重要的作用。联合国重视知识和经验分享,并有专门的知识分享平台以供知识和经验分享。值得一提的是"全球南南合作智库网络联盟"(South-South Global Thinkers)。该智库网络联盟,由联合国南南合作办公室和联合国开发计划署支持成立,当前汇集了七个全球智库网络,囊括了全球270多家智库。该智库网络旨在促进关于南南合作和南方发展方案的对话、创新和研究。该智库网络致力于加强合作研究和知识共享,为消除贫困、可持续发展议程等开展南南合作政策对话和议程设置建言献策,提升全球南方国家智库和科研力量的国际话语权和影响力。

中国的国际发展合作实践中,积极践行知识和经验分享,与广大发展中国家分享与可持续发展议程相关的知识与优秀实践。通过联合国及其他相关的知识和经验分享平台,中国在可持续发展议程,如减贫、绿色发展、数字化、整体经济增长以及社会进步等诸多关键领域分享相关的知识、解决方案与优秀实践。例如，2021年10月，值中国脱贫攻坚战取得全面胜利之际，中国社会科学院与联合国南南合作办公室开展了一系列合作，在数字化知识平台上分享在中国百余个村庄开展的中国百村脱贫调研成果，举办脱贫和可持续发展南南合作高级别国际研讨会，成立脱贫和可持续发展全球智库网络，在分享中国经验做法、加强智库国际化建设、搭建伙伴关系等方面取得了重要成果。在中国社会科学院的上述国际合作中，将"全球发展倡议"作为首项战略合作目标，纳入该智库与联合国南南合作办公室的合作谅解备忘录。

在前述"全球南南合作智库网络联盟"的七个全球智库网络中，最新加入的是由中国社会科学院作为主席单位成立的"脱贫和可持续发展全球智库网络"。该智库网络涵盖了来自10多个国家和地区的21家智库。这一举措意义深远。这一由中国最综合权威的国家智库引领的全球智库网络，将有潜力成为脱贫和可持续发展问题知识分享与交流的重要平台。

鉴于中国在减贫和发展方面取得的显著成效，中国在全球治理中承担了越来越多的责任。此外，由于知识与经验分享在当今国际发展合作中的重要性，多方和多形式的参与将有助于共同促进全球可持续发展目标的实现。

全球合作谋发展:全球治理的中国方案

任 琳*

摘 要:新的世情呼唤新的理论。习近平主席在第七十六届联合国大会一般性辩论上郑重提出"全球发展倡议",明确了发展是解决一切问题的关键,系统回答了在新的世情下为什么发展、为谁发展和如何发展的重大问题。"全球发展倡议"的提出表明,中国愿为世界各国提供可资参考的发展思路,与世界共商共创共享发展机遇。"全球发展倡议"成为新时期中国全球治理观的核心组成部分之一。深入理解以全球合作谋发展为中心内容的中国全球治理观,需要系统分析其产生的时代背景及其具备的丰富的理论内涵。

关键词:百年变局;发展赤字;全球治理;中国方案;全球发展倡议

一 百年变局迫切需要全新的全球治理观

当今世界正经历百年未有之大变局,国际形势继续发生深

---

* 任琳,中国社会科学院世界经济与政治研究所全球治理室主任,研究员。

刻复杂变化，大国博弈、世纪疫情、地缘政治变动等各类因素相互交织，世界进入新的动荡变革期，中国实现两个百年目标的外部环境更为严峻。当前，在疫情等因素的持续冲击下，全球经济复苏脆弱乏力，发展鸿沟再度加剧，全球减贫事业陷入新困境，气候变化、数字治理等新旧挑战亦愈加严峻。国际环境变化给全球治理带来诸多问题和挑战，治理赤字、信任赤字、和平赤字、发展赤字加剧。总结起来，当前的百年变局具体表现在以下几个方面，深刻影响着全球治理秩序的走向。

一是技术进步增长动能受限，世界经济面临衰退风险。冷战思维、零和博弈的老框框掣肘了技术进步，不利于世界经济复苏。随着前三次工业革命带来增长动能下降，世界经济急需新一轮科技革命提供新的创新源泉，推动当今世界生产力的新发展。信息技术、生命科学、空间技术等领域已经取得大量的原创性突破，科技成果转化为现实生产力的速度明显加快。然而，技术领域内"与邻为壑"，主客观"脱钩"都致使技术进步无法造福于世界经济增长。国际货币基金组织（IMF）研究显示，高科技领域内的"脱钩"可能导致部分国家的国内生产总值（GDP）损失 5% 左右。疫情已经造成了客观上的"脱钩"，如若某些大国采取主观"脱钩"，使科技竞争成为大国博弈的核心战场，人为地给国际贸易、产业链完整、供应链畅通制造沟壑，将导致本已困难的世界经济雪上加霜。

二是发展赤字加剧，应对全球问题所需的全球公共产品空前短缺。疫情进一步加剧了世界发展赤字，欠发达国家和地区的新增贫困尤为凸显。在 2022 年 4 月发布的《世界经济展望报告》中，国际货币基金组织将 2022 年和 2023 年世界经济增速预期均下调至3.6%。据估计，2021年新冠疫情大流行导致的贫困人口中，有20%居住在低收入国家（占世界人口的9%），危机带来的新贫困人口中有90%以上居住在中低收入国家。[①]世界银行2022年公布的《世界发展报告》显示："在大流行之前，预计2020年将有6.35亿人生活在极端贫困中，而在大流行爆发后，预计贫困人口数量将增加到7.32亿。"[②] 不仅是贫困人口在大幅增加，粮食能源等大宗商品价格持续高位波动，世界经济面临全面衰退风险，急需各经济体积极参与全球经济治理，予以有效的宏观经济协调。然而，一边是不断上涨的全球治理需求，另一边却是全球公共产品供应不足，主要经济体提供公共产品意愿和能力下降。

三是全球治理秩序呈现出停滞、瓦解与重构的突出特点，单边主义抬头致使多边主义受挫。全球治理体系应适应国际力量对比新变化，推进全球治理体系改革。百年变局的关键核心变量是世界主要经济体之间的力量对比发生变化，但"东升西降"和"西强东弱"两种态势并存。随着经济实力的上升，新兴国家对国际公共产品的贡献不断增加，要求改革不合理的全球治理体系的呼声却迟迟难以得到回应。此外，无规矩不成方圆，国际秩序需要修复，规则法治需要完善，全球发展呼唤制度保障，全球治理体系改革迫在眉睫。然而，作为第二次世界大战后形成的全球治理体系的主要塑造者，西方发达国家采取

---

① Yonzan, Nishant, Christoph Lakner, and Daniel Gerszon Mahler, "Is COVID-19 Increasing Global Inequality?", World Bank Blogs: Data Blogs, October 7, 2021, https://blogs.worldbank.org/opendata/covid-19-increasing-global-inequality.

② 《2022年世界发展报告：为公平复苏融资》，世界银行网站，https://www.worldbank.org/en/publication/wdr2022。

一系列旨在护持霸权或是重塑制度非中性的行为，例如"退群"、"脱钩"或是搞"小圈子"，致使全球治理体系改革难以推进。当下某些大国在没有国际法依据的情况下大搞单边制裁和"长臂管辖"，离开并超越多边框架议事，将自身利益凌驾于国际社会共同利益之上，破坏多边主义精神。其中，滥用安全例外破坏最惠国待遇原则和通过单边措施部分或全面切断他国正常贸易活动，在某种程度上侵蚀了第二次世界大战后逐步成熟的支撑世界贸易体制的基础性原则，破坏了世界经济稳定有序运行和攻克全球发展赤字难题的制度环境。

二 聚焦发展议题，全球治理的中国方案

党的十八大以来，置身百年未有之大变局，加之中国前所未有地走到世界舞台的中央，以习近平同志为核心的党中央秉持正确的历史观、大局观和角色观，精辟回答了"世界怎么了""我们怎么办"以及"建设什么样的世界"的时代之问，践行中国的全球治理观，在变局中开创新局，在乱局中化危为机。中国的全球治理观包含深刻的理论内涵，指导中国参与全球治理实践，并在实践中不断得以丰富和发展。中国的全球治理观蕴含着中国参与引领全球治理的立场、观点和方法。

针对当今世界面临的增长动能不足、发展赤字加剧和全球治理失序等现实问题，2021年9月21日，习近平主席在第七十六届联合国大会一般性辩论上发表题为《坚定信心 共克时艰 共建更加美好的世界》的重要讲话，首次发出"全球发展倡议"。倡议提出后，得到不少国家和国际组织积极响应，认为倡

议的落实将是国际社会加快落实联合国 2030 年可持续发展议程的关键所在。"全球发展倡议"进一步把全球治理的中国方案聚焦在发展议题，呼吁国际社会将发展置于全球经济治理和宏观经济政策协调框架的突出位置，向发展中和欠发达国家及地区提供更有力、更具针对性的智力支持和政策倾斜，为加快落实联合国 2030 年可持续发展议程、促进国际发展合作和全球治理事业的蓬勃发展指明了方向。

第一，中国的全球治理观抓住了发展这把总钥匙。中国的全球治理观首先回答了为什么要发展的问题。在中法全球治理论坛闭幕式上，习近平主席强调，当前，逆全球化思潮正在发酵，保护主义的负面效应日益显现，收入分配不平等、发展空间不平衡已成为全球经济治理面临的最突出问题。[①] 坚持发展优先，从源头出发谋治理，是中国全球治理观的突出特点。发展不平衡是当今世界最大的不平衡。许多全球问题（例如难民问题、收入差距乃至民粹主义思潮泛滥）归根结底都是发展问题，产生问题的根源是发展赤字。只有从根本上克服发展不平衡，才能避免这些问题发酵成为全球性的问题，实现从源头和根本上抓好全球治理。

发展是解决所有问题的关键。这一科学论断既是对中国特色现代化建设成功经验的充分总结，又是对人类社会发展规律的准确把脉。在实现现代化的道路上，中国积累了丰富的贫困治理经验，例如坚持党的领导、探索多元治理主体的参与、发挥人的能动性、因地制宜开发优势产业等。中国愿与国际社会

---

① 习近平：《为建设更加美好的地球家园贡献智慧和力量》，《光明日报》2019 年 3 月 27 日。

分享行之有效的减贫经验，为世界各国摆脱贫困提供了可供参考的中国方案。在国际层面，有了充分的发展，才能有效减少贫困人口，缓和部分国家和地区内部的经济社会矛盾，在一定程度上避免不断滋生的难民问题。再如，只有取得充分的发展，才能从根本上提高欠发达国家和地区应对疫情冲击的能力，有望逐步实现疫后经济复苏，如期落实联合国2030年可持续发展议程。当下而言，解决发展问题是第一位的，全球多边合作进程有待协同，主要经济体间政策协调仍需推进，尽早推动世界经济摆脱新冠疫情影响，步入平衡、稳定与健康的复苏轨道。

"全球发展倡议"坚持行动导向，它的提出和落地充分显示出中国是全球发展治理的坚定践行者和重要贡献者。世界经济论坛总裁博尔格·布伦德说："中国在过去半个世纪里高速发展，近8亿人摆脱贫困，基础设施建设成果显著，环境问题大幅改善，在高新技术领域也居于领先地位。过去10年，中国经济对世界经济增长的贡献率保持在30%左右。"[1] 此外，中国参与全球发展治理还体现在重视与"一带一路"沿线国家开展互联互通领域的合作，加快落实联合国2030年可持续发展议程，构建全球发展命运共同体。"一带一路"倡议为国际发展合作注入新动能，世界银行《"一带一路"经济学》报告预测，到2030年，"一带一路"倡议将有望帮助760万人摆脱极端贫困、3200万人摆脱中度贫困。[2] 商务部数据显示，2021年，中国全

---

[1]《中国经济稳定增长对全球复苏具有重要意义——访世界经济论坛总裁博尔格·布伦德》，2022年5月22日，中国一带一路网，https：//www.yidaiyilu.gov.cn/xwzx/hwxw/245405.htm。

[2]《全球发展倡议与"一带一路"协同增效》，2022年4月18日，中国一带一路网，https：//www.yidaiyilu.gov.cn/xwzx/gnxw/236158.htm。

行业对外直接投资高达 9366.9 亿元人民币，同比增长 2.2%。其中，涉及"一带一路"沿线国家的非金融类直接投资额达到 203 亿美元，同比增长 14.1%。截至 2021 年年底，纳入中国商务部统计口径位于 46 国的境外经贸合作区累计为当地创造 39.2 万个就业岗位，缴纳税费 66 亿美元。①"一带一路"倡议为促进沿线国家经济发展做出显著贡献，为改善东道主国当地的民生做了实事，在世界减贫事业发展史上书写下重要的一笔。

第二，创造开放包容的发展环境，反对搞封闭排他的"小圈子"。中国的全球治理观从发展所需外部环境的维度客观回答了如何发展的时代之问。世界各国急需开展对话合作，为共享发展创造开放包容的国际环境。在经济全球化的时代，各国处于复合相互依存的关系之中，你中有我，我中有你。全球产业链供应链彼此嵌入，各国利益深度交融，符合世界市场的运行规律和发展方向。然而，百年变局和世纪疫情相互交织，经济全球化遭遇前所未有的逆流，大国博弈常态化，经济问题政治化，甚至相互依赖被武器化，全球治理事务前所未有的艰巨，国内改革发展稳定任务繁重。

面对诸多外部不确定性风险，中国将一如既往地支持经济全球化，积极构建以国内大循环为主体、国内国际双循环相互促进的新发展格局。中国提出"一带一路"倡议本身，不是要对现行国际体系另起炉灶、推倒重来，而是秉持开放包容的原则实现战略对接，助力构建人类命运共同体。与之相对，当下部分发达国家奉行孤立主义、搞"脱钩"战略、主观切断全球

---

① 《以共建"一带一路" 促高质量共同发展》，2022 年 4 月 4 日，中国一带一路网，https://www.yidaiyilu.gov.cn/xwzx/gnxw/232867.htm。

产业链供应链的行为违背了市场经济规律和自由贸易规则，无益于世界经济的复苏、稳定与增长。2022年5月23日，美国宣布启动"印太经济框架"。外界舆论认为，该框架是美国在亚太区域大搞排他性的"小圈子"外交，作为其亚太战略"经济短板"的必要补充。中国一贯支持开放包容的区域内经济合作，反对封闭排他的任何离间行为。任何区域经济合作框架都不应人为地制造区域离心力，损害分裂破坏现有的区域一体化努力，逆经济全球化大势而为之，不利于区域乃至全球经济的繁荣发展。世界主要经济体之间只有增进互信、彼此包容，才能求同存异、合作共赢，共同修复疫情中断裂的产业链供应链，降关税、减壁垒，打通世界经济的痛点堵点，畅通经济运行脉络，助力疫后世界经济复苏。

面对诸多外部不确定性风险，中国表现出极大的勇气和魄力，深化改革、扩大开放，积极对接国际高标准规则。中国以更加开放、包容的姿态融入世界经济，释放出支持经济全球化的积极信号。一是对内深化改革，推动贸易和投资自由化便利化，试点先行、稳步推进，打造开放型经济体系。例如，建设自由贸易试验区、海南自由贸易港，推广有效经验，逐步实现更大范围、更宽领域、更深层次对外开放新格局。二是对外积极推动规则、规制、管理、标准等制度型开放，对接国际高标准规则，积极参与引领全球经济治理。例如，以高标准可持续惠民生为目标，继续推动共建"一带一路"高质量发展。欧洲复兴开发银行、亚投行、中国工商银行为哈萨克斯坦风电项目提供绿色融资，重视国际环保标准，支持可再生能源技术的市场渗透。2022年1月，世界经济论坛发布《促进"一带一路"

倡议绿色发展》报告，突出强调了"一带一路"绿色投资原则的"2023年愿景"（Vision 2023）行动计划。此外，中国积极推进《区域全面经济伙伴关系协定》（RCEP）的缔约和落地，预计生效后区域内90%以上的货物贸易将会立即或在10年内实现零关税，对于深化区域经济一体化、畅通和稳定世界经济、积极参与全球经济治理体系改革具有重大意义。RCEP成员国就海关程序、检验检疫、技术标准等领域达成了一系列高水平的国际规则，实现货物贸易便利化。

第三，赋予发展更加丰富的内涵，实现人与自然和谐共生。中国的全球治理观从发展新内涵的维度有针对性地回答了新时代如何发展的问题。绿色是发展的底色。绿色可持续是新时代发展的重要内涵。"全球发展倡议"坚持马克思主义普遍联系的观点，统筹发展和环境的关系，以实现人与自然和谐共生为目标。在国内，中国取得了绿色发展的丰富经验。实践在发展，认识也在提高。近年来，中国经济已经实现了从高速增长阶段到高质量发展阶段的转向，人们愈发认识到"绿水青山就是金山银山"。绿色发展意味着转变发展方式、优化产业结构、转换增长动力，最终实现高质量发展。截至2021年11月，中国绿色信贷高达15万亿元，总量位列世界第一；过去5年，中国发行绿色债券1.6万亿元，名列全球绿色债券市场第二。①

中国积极分享绿色发展经验。中国的全球治理观旨在实现人与自然的和谐共生，致力于把"一带一路"打造成一条

---

① 参见《中国金融学会绿色金融专业委员会主任马骏：我国绿色金融的"四大支柱"与国际合作》，2021年11月24日，中国一带一路网，https://www.yidaiyilu.gov.cn/xwzx/gnxw/200747.htm。

"绿色可持续的发展之路"。党的十八大以来，中国共计实施200多个应对气候变化援外项目，其中1/3为减缓气候变化类项目，举办了80多期相关主题的国际研修班，培训人员约2000人。① 2022年年初，国家发展和改革委员会、外交部、生态环境部、商务部四部委共同发布了《关于推进共建"一带一路"绿色发展的意见》（以下简称《意见》），就各方关心的绿色基础设施互联互通、绿色交通合作、绿色产业合作、绿色能源合作、绿色贸易合作、绿色标准合作、应对气候变化合作、绿色金融合作、绿色科技合作等诸多领域做了明确的政策说明。该《意见》的出台显示中国在"统筹推进绿色发展重点领域合作"方面做了大量工作，为确保高质量建设"一带一路"、实现绿色增长和构建"人与自然生命共同体"做出了重要贡献。

中国高度重视开展绿色发展国际合作，积极探索包括第三方合作在内的多元合作方式。"一带一路"倡议重视推广绿色低碳原则，愿为落实气候变化《巴黎协定》和实现联合国2030年可持续发展议程做出积极努力。实现绿色发展，完成双碳目标，离不开国际合作。2018年，为落实中英两国2017年签署的《第九次中英经济财金对话成果》要求，中英相关机构共同发起了"一带一路"绿色投资原则倡议，旨在合作"应对'一带一路'沿线投资项目在脱碳方面的重大挑战"。截至2022年1月，该倡议已经拥有来自亚非欧的41个签署方，持有或管理资产总额达49万亿美元，为"一带一路"绿色项目的融资提供了有力的

---

① 参见《数读中国抗疫援助及国际发展合作》，2021年11月15日，中国一带一路网，https：//www.yidaiyilu.gov.cn/xwzx/gnxw/198456.htm。

资金保障。①

第四，积极推动全球治理体系改革，为共同发展提供国际制度保障，确保发展的成果为世界人民共商共建共享。中国的全球治理观从发展所需国际制度条件的维度系统回答了如何发展的问题，并且从发展主客体的维度准确回答了发展为了谁、依靠谁的问题。实际上，这两个问题是紧密相关的，前者是后者的保障，后者是前者的目标。积极参与全球治理体系改革，推进"全球发展倡议"落地落实，共同构建"全球发展共同体"。尽管在合法性和有效性方面遭受诟病，但第二次世界大战后形成的全球治理体系曾一度发挥着重要的作用，成为世界和平与发展无可或缺的国际制度保障。在很大程度上，当下全球治理体系的失效与失序加深了各国合作对话的难度，或将进一步加剧发展赤字的深度与广度。当下，中国致力于推动全球治理体系改革，秉持守正创新的指导思想，实现治理体系的现代化，更加贴近并适应新形势、新问题和新挑战。

守正指的是，全球治理体系改革要坚持公平正义，倾听各方声音、兼顾各方利益，始终不渝地坚持全人类共同价值。首先，衡量公平与正义的标尺是以国际法、《联合国宪章》宗旨和原则为基础的国际关系基本准则，践行公平与正义的标志是坚持真正的多边主义。中国一贯维护以联合国为核心的国际体系，致力弘扬和平、发展、公平、正义、民主、自由的全人类共同价值，引领时代潮流和人类前进方向，最终实现构建人类命运

---

① 全球经济论坛：《促进"一带一路"倡议绿色发展：发挥金融和技术的作用，推动低碳基础设施建设》，2022 年 1 月 20 日，中文互联网数据资讯网，http://www.199it.com/archives/1380658.html。

共同体的伟大设想。其次,中国的全球治理观守正不阿,坚持发展为了人民。中国始终以构建人类命运共同体为奋斗目标,反对任何形式的强权政治和利益非中性,坚定维护世界最广大人民的利益。坚持以人民为中心,符合历史唯物主义的基本观点。全球治理的主体是世界各国政府和人民。人民既是发展的客体,享受发展的红利;又是发展的主体,能够创造性地推动发展。人民性和实践性是"全球发展倡议"的本质属性。"全球发展倡议"是关乎全世界人民福祉的发展理念,强调建立以国际法为基础的国际秩序,高举真正的多边主义旗帜,推动全球治理体系改革,构建"人类发展共同体"。保障世界人民在发展的过程中享有机会公平、规则公平、权利公平,共同创造人类社会财富,共同分享发展成果。

创新指的是,全球治理体系改革要与时俱进,直面新问题新挑战,敢于创新治理方式与实现路径。一是与时俱进,发现发展中出现的新问题并探讨完善治理规则,例如完善数字治理,发展数字经济。在全球范围内,人工智能数字经济被认为将有效改善整体劳动生产率,大幅提高世界经济增长率。全球数字经济规模不断攀升,截至 2021 年占到全球 GDP 的 15.5%;在过去 15 年,全球数字经济增速已经是全球 GDP 增速的 2.5 倍。普华永道的一份研究报告认为,得益于人工智能数字技术的使用,2030 年世界 GDP 将增长 14%。[①] 可见,新兴的数字产业正在日益成为拉动世界经济增长的新动能。但是,由于数字经济

---

① Deloitte, "Global Artificial Intelligence Industry Whitepaper", 2019, https://www2.deloitte.com/content/dam/Deloitte/cn/Documents/technology-media-telecommunications/deloitte-cn-tmt-ai-reporten-190927.pdf.

是新兴的议题领域,尚且缺乏较为完善的治理安排,很可能遭遇共识性规则缺失和治理赤字的现实挑战。虽然世界主要经济体都在积极构建数字治理规则,但各方的关注重点、采取的路径方式以及规则标准偏好都是不同的。这意味着各方在该领域内进行对话合作的交流成本依然很高,因此塑造全球范围内适用的多边共同规则迫在眉睫。中国积极参与全球数字治理,不仅率先提出《全球数据安全倡议》,还申请加入《数字经济伙伴关系协定》(DEPA)。中国愿与世界各国分享中国在数字经济、数字支付、智慧城市和智能医疗等方面积累的丰富经验,推动数字经济治理逐步走向成熟与完善,带动世界经济快速健康发展。二是在稳定与传统治理平台合作的基础上,用好新平台创新业务运营手段。亚投行发债规模和品种逐年增加,拓展了平台参与全球治理的广度和深度。2021年全年批准贷款约99亿美元,累计贷款额约320亿美元,其中,发放支持成员国应对疫情和经济恢复的新冠肺炎危机恢复基金(Covid-19 Crisis Recovery Facility)贷款约110亿美元;此外,发放10亿美元贷款用于郑州等地暴雨洪涝灾害灾后重建。据估计,亚投行到2030年将有望实现累计气候融资批准额500亿美元,为最终达到碳达峰与碳中和目标,实现绿色发展做出重要贡献。①

三 结语

发展是世界各国最大的公约数。中国的全球治理观强调借

---

① "绿色基础设施",亚投行网站,https://www.aiib.org/en/about-aiib/who-we-are/infrastructure-for-tomorrow/green-infrastructure/index.html。

助合作发展，回答时代之问。这一全球治理观不仅回答了"世界怎么了""我们怎么办"以及"建设什么样的世界"，还完美回答了全球治理"为了谁"和"依靠谁"的问题。"全球发展倡议"是中国为国际社会创建的开放合作新平台，为从根源上治理各类全球问题提供了中国方案。倡议掌握了发展这个解决一切问题的总钥匙，强调国际社会要减少发展赤字、破解发展不平衡难题，必须秉持以人民为中心的核心理念，把世界各国人民对美好生活的向往作为最终目标。此外，全球治理体系改革应依照正确的义利观，以"治理体系改革"促"世界经济发展"，坚持发展为了世界人民，发展依靠世界人民，发展的成果为世界人民共享。中国的全球治理观呼吁各方合作发展，共同打造全球发展命运共同体，弘扬以世界人民为本的全球治理理念，立志为"把世界人民对美好生活的向往变成现实"而奋斗。

中欧构建全球发展伙伴关系前景展望

张 敏[*]

摘 要：当今世界百年变局叠加世纪疫情，世界各国的社会经济发展困境日益凸显，发展议题成为世界各国应亟待考虑的重大现实问题。习近平主席提出的"全球发展倡议"正在成为破解世界发展新难题，推动构建全球发展伙伴关系的重要引领。本文认为中欧合作是推动世界发展的重要力量。基于这一倡议，中欧可以在多个层面构建发展伙伴关系，不断夯实中欧务实合作：通过构建中欧文明发展伙伴关系，互学互鉴，普惠包容；坚持联合国宪章原则，构建中欧全球治理关系；与中国"双循环"相对接，探索中欧两大市场合作共赢新模式；构建中欧全面创新合作伙伴关系，落实创新发展理念；构建中欧战略深度对接关系，从而有效落实"全球发展倡议"的核心要义。

关键词：中欧关系；全球发展倡议；中欧战略对接；发展伙伴关系

---

[*] 张敏，中国社会科学院欧洲研究所研究员，兼任中国社会科学院西班牙研究中心主任。

当今世界百年变局叠加世纪疫情，俄乌冲突造成国际形势瞬息万变、错综复杂。一段时期的停工停产、交通运力不足等造成的供应链、产业链等严重短缺，各国经济普遍下滑、陷入衰退，并叠加高失业和新贫困等多重社会问题。因此，当前及今后时期，推动全球社会经济发展成为世界各国亟待考虑的重大现实问题。

2021年9月21日，中国国家主席习近平在第七十六届联合国大会一般性辩论上提出的"全球发展倡议"正在成为破解世界发展新难题，推动构建全球发展伙伴关系的重要引领。"全球发展倡议"重点从六个方面着力构建全球发展伙伴关系：一是坚持发展优先；二是坚持以人民为中心；三是坚持普惠包容；四是坚持创新驱动；五是坚持人与自然和谐共生；六是坚持行动导向。① 这是继2013年"一带一路"倡议以来，中国在推动全球发展方面提出的又一个重大举措。国内有学者认为，"全球发展倡议顺应和平与发展的时代主题，直面当今世界发展面临的突出问题，反映了世界各国人民促发展、谋幸福的强烈愿望，是全球发展理论的重要创新，为各国聚焦发展、团结发展、共同发展提供了行动指南、注入了思想动力"②。深入阐释和系统讲究这一倡议，对于重塑后疫情时代的国际发展新格局和构建中欧全球发展伙伴关系具有积极意义。

---

① 2021年9月21日，中国国家主席习近平在第七十六届联合国大会一般性辩论上首次提出"全球发展倡议"。习近平：《坚定信心、共克时艰，共建更加美好的世界——在第七十六届联合国大会一般性辩论上的讲话》，中国政府网，http://www.gov.cn/xinwen/2021-09/22/content_5638597.htm。

② 徐秀军：《全球发展理论的重要创新（专题深思）》，人民网，2022年5月30日，http://opinion.people.com.cn/n1/2022/0530/c1003-32433280.html。

一 中欧合作是推动全球发展的重要力量

在复杂多变的国际新形势下,中欧关系的稳定发展不仅有利于中欧各领域的务实合作,更有利于世界经济的长期稳定增长和国际社会的可持续发展。然而,当前新冠疫情仍在蔓延,世界经济复苏艰难曲折,这些因素将对中欧关系的行稳致远产生不利影响。为了落实"全球发展倡议",及时把握中欧关系发展走向,创造深化中欧务实合作新契机,2022年4月1日,中欧领导人重启峰会,在与欧洲理事会主席米歇尔和欧盟委员会主席冯德莱恩视频会晤期间,习近平主席再次强调中欧合作的世界意义和价值所在:"打造中欧和平、增长、改革、文明四大伙伴关系,建设更具全球影响力的中欧全面战略伙伴关系,中方的这一愿景至今未改变,在当前形势下更有现实意义。中欧作为全球两大力量、两大市场、两大文明,应该就中欧关系和事关全球和平与发展的重大问题加强沟通,发挥建设性作用,为动荡的世界局势提供一些稳定因素。一个稳定的中欧关系,对世界的和平稳定发展至关重要。"①

(一) 中欧合作的活力与韧性有利于世界经济的稳定增长

坚持发展优先是"全球发展倡议"的首要目标和核心内容。新冠疫情以来,中欧关系在挑战中实现新发展,中欧合作在困难中取得新成果。新冠疫情等不确定因素未能从根本上削弱中

---

① 新华社:《习近平:中欧应为动荡的世界局势提供稳定因素》,中国政府网,2022年4月1日,http://www.gov.cn/xinwen/2022-04/01/content_5683023.htm。

欧合作的活力和韧性。事实证明，中欧有着广泛的共同利益和深厚的合作基础，中欧合作的基本面始终保持稳定、充满活力和韧性，正在引领世界经济走向稳定增长。

第一，中欧双边贸易保持增长势头，成为世界经济的"稳定器"和"增长锚"。

2021年全球新冠疫情持续反复、世界经济复苏因此放缓，中欧双边贸易规模却呈现出快速增长的态势。中国海关总署数据显示，以美元计算，2021年中国与欧盟进出口总值达8281.1亿美元，比上年增长27.5%。中国继续保持欧盟第一大贸易伙伴地位，欧盟为中国第二大贸易伙伴[①]，中国和欧盟在多个领域仍然保持着良好的合作态势。双边贸易额的增长充分说明中欧经济结构、产业结构之间的相互嵌合和优势互补性，中欧产业链、供应链之间形成上下融合、互为衔接、互为补充的态势，这种良好的合作态势有利于发挥中欧合作的集合优势，助推世界各国尽快摆脱经济衰退行情。2022年前两个月，中国与欧盟的双边贸易额达1371.6亿美元，同比增长14.8%，比同期中国与东盟的贸易额高出5.7亿美元。欧盟反超东盟，在2022年前两个月再次成为中国第一大贸易伙伴[②]。中欧经贸合作底子厚、规模大，韧性强，双方依然是彼此互为机遇的重要合作伙伴，这一判断仍具说服力。

第二，《中欧全面投资协定》尽管仍在搁置中，中欧相互投资呈现增长势头。

---

① 新华社：《中欧双边经贸创新高 凸显活力韧力与潜力》，中国政府网，2022年1月19日，http://www.gov.cn/xinwen/2022-01/29/content_5671188.htm。
② 中国商务部：《中欧贸易：尽显韧性和活力》，中国商务部网站，2022年3月28日，http://chinawto.mofcom.gov.cn/article/e/r/202203/20220303295730.shtml。

《中欧全面投资协定》（Comprehensive Agreement on Investment，CAI）谈判已于2020年12月30日如期完成，但欧盟以保护欧洲大市场为借口，人为搁置批准，至今未能如期实施。但从中欧投资实际情况看，双向投资依然保持稳定向上发展态势。根据中国商务部统计，截至2020年年末，中国对欧盟投资存量为830.2亿美元。2021年，中欧双向投资突破2000亿美元大关。① 截至2022年4月，中欧双向投资规模累计超过2700亿美元，在疫苗研发、新能源、电动汽车、物流、金融等领域投资合作十分活跃。

　　近年来多项调查报告显示，欧洲企业对华投资依然持有信心。中国欧盟商会的《商业信心调查2020》② 指出，受中国巨大的销售市场和越来越有利于研究和创新的经济环境所吸引，欧洲公司在华投资热情不减。该商会《商业信心调查2021》报告显示，60%受访企业计划于2021年扩大在华业务，较2020上升近10个百分点。1/4的企业表示正在或即将加强在华供应链建设，约一半的受访企业表示他们在中国的利润率高于全球平均水平，这一比例远高于2020年的数据③。在新冠疫情仍持续蔓延、世界经济陷入严重衰退的背景下，这些报告数据充分体现了中欧经贸合作的强劲韧性、旺盛活力和光明前景。

　　第三，"一带一路"倡议下中欧互联互通取得成效，中欧班

---

　　① 万喆：《以稳定的中欧关系应对动荡的世界》，《光明日报》2022年4月6日。
　　② European Chamber："European Business in China, Business Confidence Survey, 2020"，https：//europeanchamber.oss-cn-beijing.aliyuncs.com/upload/documents/documents/BCS_EN_final［917］.pdf.
　　③ European Chamber："European Business in China, Business Confidence Survey, 2021"，https：//europeanchamber.oss-cn-beijing.aliyuncs.com/upload/documents/documents/BCS_EN_final［917］.pdf.

列为中欧经贸和双向投资提供运输保障。

"中欧班列"成为中欧合作的重要标志和国际运输的新动脉,促进了中欧之间货物和服务的跨境流动,为欧洲国家复工复产,产业链、供应链的正常运转,提供了必要的物资保障。新冠疫情暴发及持续蔓延,面对海运、空运、公路口岸等出现运力严重受阻或不足等问题,物流大量向铁路运输转移,中欧班列运输市场订单出现逆势大幅增长。2021年面对新冠疫情的严重冲击,中欧班列"逆势而上",全年开行量达15183列,同比增长22%。与此同时,推动形成"畅通高效、多向延伸、海陆互联"的中欧班列境外通道网络格局,探索开辟了跨里海、波罗的海以及经乌克兰、芬兰等国家的新通道、新路径,2021年中欧班列共有78条运行线,通达欧洲23个国家的180个城市,较2020年增加2个国家和88个城市,通达城市数量增长了96%[1]。中欧班列恰如疫情中推动世界发展的"生命通道"和"命运纽带"。

(二)绿色数字伙伴关系正在成为中欧合作的新亮点和新引擎

中欧合作领域持续扩大,绿色化数字化合作成为新亮点。2020年9月14日,中欧领导人决定建立中欧环境与气候高层对话和中欧数字领域高层对话,打造中欧绿色伙伴、中欧数字合作伙伴。以绿色化和数字化引领的中欧合作双转型拓展了中欧

---

[1] 《2021年中欧班列开行再创佳绩 成为畅通亚欧供应链的一条大通道》,国家发展和改革委员会网,2022年2月21日,https://www.ndrc.gov.cn/fggz/fgzy/shgqhy/202202/t20220221_1316068.html?code=&state=123。

经贸合作的空间。在绿色领域，中欧双方的绿色发展理念高度契合，2019年欧盟提出了未来十年发展战略——"欧洲绿色新政"，其中首次明确提出在2050年欧盟将成为世界上首个碳中和区域。中国积极参与全球绿色治理，践行绿色低碳发展理念，持续推进中欧绿色市场的发展，2020年9月，中国提出了在2060年实现碳中和的愿景。中欧深化绿色伙伴关系，将为中欧企业参与双方绿色经济发展提供机遇，推动中欧在新能源、碳市场、碳定价、绿色金融和全球生物多样性框架内的务实合作。中欧双方的数字经济发展正在提速，进一步带动传统产业数字化转型。2020年中国数字经济规模位居世界第二，逼近5.4万亿美元，仅落后于美国，从增速看，中国数字经济同比增长9.6%，已高居全球第一。[①] 欧盟在包括制造业在内的产业数字化、通信基础设施建设、半导体、云计算、人工智能、物联网和网络安全等领域发布了一系列的数字化行动计划。

（三）中欧科技合作共同提升国际竞争力

中欧开展技术合作是提升中欧国际科技竞争力的重要途径。与美、日相比，中国与欧洲的科技合作更具战略价值。中欧科技合作是中欧全面战略伙伴关系中的核心内容，欧盟是中国引进技术的主要来源地。中欧关系日益紧密，围绕着科技创新领域的合作趋于多元化、创新化和前瞻化。中欧加强科技创新合作呈现新亮点和新趋势：中国与欧盟科技创新合作里程碑及中欧在"地平线2020计划"上的协调合作新机制。中英科技关系

---

① 王莹：《后疫情时代中欧数字经济在竞合状态中如何发展?》，《金融时报》2021年10月5日。

发展及创新共同发布《中英科技创新合作战略》。中国与瑞士确立创新战略伙伴关系，开创东西方大国与小国创新合作的新典范。这些特点代表着中国与欧洲科技创新合作的新方向，为"中欧全面战略伙伴关系"提升至"全面创新战略伙伴关系"奠定基础。①

二 中欧构建全球发展伙伴关系前景

不可否认，当前中欧关系发展面临多重挑战，将中欧关系扳回到正常的轨道，增信释疑需要做大量的工作。加强政治互信，中欧应在战略上达成更多的共识，为发展谋新略。习近平主席提出的"全球发展倡议"，站在全球发展的战略新高度，以发展为核心，为各国全面推进社会经济发展指明了方向，在百年未有之大变局下，有助于克服新冠疫情带来的各种不利影响。基于这一倡议，构建中欧发展共同体和中欧全球发展伙伴关系，可以在以下多个领域构建中欧发展伙伴关系，不断夯实中欧务实合作。

（一）构建中欧文明发展伙伴关系，互学互鉴，普惠包容

中欧代表了世界两大文明，在推动人类社会进步和发展上做出了巨大的贡献，中欧构建文明发展伙伴关系将为推动"全球发展倡议"提供宏大精神力量。古希腊的人文精神与中国古代的民本思想都提倡"以人为本"。中国文化传统提倡"和而不

---

① 张敏：《中欧科技创新合作的新亮点与新趋势》，参见黄平、周弘、程卫东主编《欧洲蓝皮书：欧洲发展报告（2017—2018）》，社会科学文献出版社2018年版。

同、以和为贵",中国对世界各国发展是机遇不是威胁、是伙伴不是对手。"欧洲作为西方文明的发源地,具有深厚的哲学思辨传统和理性反思精神,最有条件和能力成为西方重新认识和接受中国的'先行者',在经济、制度和文明层面同中国真诚对话、平等相待、相互学习。'中国模式'与'欧洲模式'之间各有特点,完全可以和平共处、包容互鉴。"①

尽管东西方制度不同,中欧在科学、哲学、人文等多个领域创造精神文明和物质财富,推动了世界的发展和人类的进步,因此,中欧构建文明发展伙伴关系,在对话、交流中相互借鉴,不断增进相互了解,推动构建一个中欧文明互学互鉴、和谐发展的新格局。在和平与发展主旋律下,中欧应以人文交流为纽带,增进双方对于中西文明历史研究与对话,从观念思想等高度,为推进"全球发展倡议"提供更多精神财富。

(二)坚持联合国宪章原则,中欧应积极构建全球治理伙伴关系

中欧构建全球治理伙伴关系,有助于共同应对全球性挑战,推动"全球发展倡议"的有效落实。在全球化发展趋势和百年未有之大变局下,世界各国关系不断紧密的同时,也滋生出新的全球性问题,联合国等国际组织在全球治理体系中发挥着日益重要的作用。中国、欧盟作为世界主要经济体,在实现联合国可持续发展目标、应对全球气候变化、实现碳中和目标等方面开展了一系列合作,中欧应坚持秉持合作原则,推动建立公平公正、合作

---

① 孙艳:《后疫情时代中欧加强合作的内在需求、干扰因素与优先议程》,《当代世界》2020年第10期。

共赢的全球治理体系。当前美欧关系快速升温、俄乌危机持续发酵等带来的国际安全形势和欧洲安全格局的突变，给中欧在全球治理体系中加强合作构成新挑战。因此，中欧应坚持联合国宪章宗旨和原则下，携手践行真正的多边主义、反对霸权主义、构建多极化的世界秩序和安全格局。正如习近平主席2021年9月在第七十六届联合国大会一般性辩论上发表重要讲话指出："世界只有一个体系，就是以联合国为核心的国际体系。只有一个秩序，就是以国际法为基础的国际秩序。只有一套规则，就是以联合国宪章宗旨和原则为基础的国际关系基本准则。"[①]

（三）与中国"双循环"相对接，探索中欧两大市场合作共赢新模式

中欧构建全球发展伙伴关系应基于双方共同利益和互惠互利原则。中国是世界上最大的发展中国家和新兴经济体，欧盟是最大的发达国家集团，中欧都是世界舞台上的重要一极[②]。中欧是世界三大经济体中的两大经济体，中欧深化合作，必将拉动世界经济增长和促进全球发展。然而，由于欧盟对华疑虑和防范加重，这给落实"全球发展倡议"带来阻力。为此，当前阶段积极探索中欧两大市场合作共赢新模式，对于进一步拓展中欧两大市场互补优势，实现互利共赢具有积极意义。

---

① 习近平：《坚定信心 共克时艰 共建更加美好的世界——在第七十六届联合国大会一般性辩论上的讲话》，中国政府网，2021年9月21日，http://www.gov.cn/xinwen/2021-09/22/content_5638597.htm。

② 《数说中欧经贸关系》，中国商务部网站，2020年3月6日，http://eu.mofcom.gov.cn/article/sqfb/202003/20200302942801.shtml。

新冠疫情持续蔓延和俄乌冲突不断发酵，中欧两大市场均面临调整压力。欧洲经济不断受到冲击，尽快复苏经济、加快能源结构转型等，成为欧洲统一大市场实现可持续发展最为紧迫的任务。中国防疫抗疫兼顾经济发展，持续深化供给侧结构性改革，充分发挥超大规模市场优势和内需潜力，形成以国内大循环为主体、国内国际双循环相互促进的新发展格局。秉持开放合作互惠原则，"双循环"促进了中国内外两大市场发展。与中国"双循环"新发展格局相对接，构建中国与欧盟外部市场的大循环体系，通过欧洲大市场，将中国与欧盟成员国之间的双边市场进一步融合对接，进一步释放中欧两大市场发展机遇和潜力。因此，欧盟应尽快考虑重启和落实中欧全面投资协定，基于一个更加开放的中欧经贸和投资市场，才能构建中欧两大市场合作共赢新模式。

（四）中欧应构建全面创新合作伙伴关系，落实创新发展理念

创新发展理念是"全球发展倡议"六大行动之一，在数字科技时代，中欧深化创新合作，应构建全面创新伙伴关系。全面创新伙伴关系即中国与欧盟提升创新合作伙伴关系，中国与欧盟更多成员国建立创新合作伙伴关系。

建立全方位创新伙伴关系科技创新和社会制度创新，是推动世界发展的巨大生产力。

科学就是生产力。中国科技进步、中国特色社会主义制度创新、"一带一路"倡议和"全球发展倡议"等新理念、新规

则,是推动社会经济发展的重要力量。欧洲是工业革命的发祥地和世界科技革命的先锋。欧洲科技创新不仅体现在科学技术领域,在社会治理、环境治理、气候变化治理等多个领域,欧洲推出的一系列创新发展理念,不仅提升了欧洲的全球科技竞争力,也推动了世界的发展。中欧作为世界两大科技创新力量,在科技领域的多年合作取得了丰硕的成果。中国与欧盟科技合作机制不断完善,中欧科技合作日益紧密。欧盟统计局2022年5月3日的数据显示,从欧盟区域外合作伙伴看,2021年欧盟从中国进口的高科技产品占比最高(占欧盟外进口总额的38%),其次是美国(19%)和瑞士(8%)。从中国进口的最大类别的高科技产品是用于通信的电子产品,而美国和瑞士分别是用于航空航天和制药的高科技产品。①

但迄今为止,中欧科技合作关系仍未上升到全面创新伙伴关系。在欧洲国家中,中欧之间创新伙伴关系比较紧密的国家包括英国、瑞士和德国等,其他多数国家与中国的创新合作仅限于双边关系中的科技合作。因此,落实"全球发展倡议",中欧应在创新合作上联合发力,构建一个与当前中欧合作相适应的全面创新伙伴关系。依靠创新力量,为"全球发展倡议"的落实提供方案。

(五)构建中欧战略深度对接关系

中欧是推动全球发展的先行者和实践者。欧洲区域一体化成为世界区域化经济发展的典范,带动了区域一体化机制和组

---

① 《欧盟盟外高科技产品进口近4成来自中国》,欧盟中国商会微信公众号,2022年5月10日,https://mp.weixin.qq.com/s/NFsFzvq_4PRLb4hH3MiaKQ。

织的建立。中国坚定不移地走改革开放之路,在借鉴国际经验的同时,探索了适合本国国情的中国特色社会主义发展道路。经过几十年的发展,今天的欧盟和中国成为世界三大经济体中的两大经济力量,在推动全球减贫、国际援助等方面取得了成效。

2021年4月6日,国务院首次发布的白皮书《人类减贫的中国实践》中提到,中国打赢脱贫攻坚战,提前10年实现联合国2030年可持续发展议程减贫目标,显著缩小了世界贫困人口的版图。作为世界上最大的发展中国家,中国实现了快速发展与大规模减贫同步、经济转型与消除绝对贫困同步,如期全面完成脱贫攻坚目标任务。在国际援助方面,从20世纪50年代开始,中国向世界欠发达国家和地区提供无偿援助等,2021年发布的中国第三份白皮书总结道:2013年至2018年,中国向20个区域和国际多边组织以及122个国家提供了援助,遍及亚洲、非洲、大洋洲、拉美洲、欧洲。随着欧洲一体化的深化和扩大,欧盟的发展援助不仅提供给欧盟内的中东欧等新成员国,也不断扩大对非洲、亚洲、拉美洲等国家的援助。中欧在第三方市场上的发展援助有着广阔的合作前景。

未来中欧合作,尤其是通过中欧战略的深度对接,可以有效推动中国"一带一路"倡议(2013年)、"全球发展倡议"(2021年)与欧盟"绿色新政"(2019年)和"欧洲全球门户计划"(2021年)进行深度对接,充分依托中欧科技实力和社会经济发展优势,中欧能够在绿色化、数字化、气候、能源、交通、卫生、教育和科研领域,共同推动全球可持续发展。

"全球发展倡议"将成为中欧构建全球发展伙伴关系的重要

思想引领和合作基础。在新形势下,坚持发展优先原则,不断创新中欧合作新机制和新模式。基于更加开放、创新发展、普惠包容、合作共赢等"全球发展倡议"新理念,中欧必将在推动世界经济增长、实现创新驱动发展、促进绿色合作等全球发展领域,发挥更加积极的引领作用。

全球发展伙伴关系与合作共赢

[肯尼亚]斯蒂芬·恩代格瓦·姆旺吉
西蒙·姆瓦乌拉·穆尼奥*

摘　要：包容性是全球发展的根本，针对当今世界面临的问题，仅依靠个人和单个政府的力量无法寻找到可行解决方案。中国的"全球发展倡议"，主张六个坚持，建立全球发展伙伴关系，推动多边发展合作协同增效。这些核心概念和原则，整合了社会、经济和环境这三个可持续发展的维度，并力图实现三者之间的平衡。"全球发展倡议"同联合国2030年可持续发展议程高度契合，是为了推动实现更加强劲、绿色、健康的全球发展。"全球发展倡议"有利于各国就发展问题相互协商，制订有利于彼此发展的计划。为成功实现全球发展伙伴关系的可持续发展目标，需要建立公共的分享平台；构建更深入的知识分享平台（卓越中心），设立一个各国可以互相学习的平台；将其他平台纳入联合国的主流工作；强有力的政治承诺也将催生更积极的发展项目。

---

* 斯蒂芬·恩代格瓦·姆旺吉：内罗毕南南对话智库首席研究员；西蒙·姆瓦乌拉·穆尼奥：南南对话智库高级研究员。

关键词：全球发展倡议；包容性发展；可持续发展议程；全球发展伙伴关系

人类一直在寻求发展，努力使生活更美好、更简约。很多学者和组织从不同角度对发展进行了定义。本文借用门萨（Mensah）的定义，他认为发展是一个进化的过程，人类在这一过程中发明创新、应对挑战、适应新变化以及努力实现当前和未来新目标的能力都得到了提升。另外，可持续性还依赖于环境，也就是说需要实现人类与环境承载力之间的有效动态平衡，只有如此，人类才能既充分利用环境的全部潜力，又不会对环境承载力产生不利影响。[①] 所以，可持续发展是指在不超过环境承载力的前提下，寻求社会经济的增长，以保障子孙后代的生存和发展。纵观历史，不同的个体、组织、政府和社会团体都为实现重大发展贡献了力量，但这些发展大多不可持续，这就要求我们完善规划并推进全球参与，以确保可持续发展。

针对当今世界面临的问题，仅依靠个人和单个政府的力量难以寻找到可行的解决方案。因此，2015 年 9 月，联合国制定了 2030 年可持续发展议程，确立了此后 15 年有待实现的 17 项可持续发展目标，并呼吁世界各国以此为指导行动起来。2021 年 9 月，中华人民共和国主席习近平出席第七十六届联合国大会一般性辩论并发表重要讲话时提出"全球发展倡议"，主张坚

---

① Ben-Eli, M., "Sustainability: Definition and Five Core Principles-A New Framework", Sustainability Science, 2015, http://www.sustainabilitylabs.org/assets/img/SL5CorePrinciples.pdf.

持发展优先、坚持以人民为中心、坚持普惠包容、坚持创新驱动、坚持人与自然和谐共生、坚持行动导向，① 推动多边发展合作协同增效这些核心概念和原则整合了社会、经济和环境这三个可持续发展的维度，并力图实现三者之间的平衡。"全球发展倡议"同联合国2030年可持续发展议程高度契合，是为了推动实现更加强劲、绿色、健康的全球发展。

可持续发展目标的第17项是"加强执行手段，重振可持续发展全球伙伴关系"。可持续发展全球伙伴关系目标致力于加强南北合作、南南合作和三方合作，提高进入全球市场的新主体和发展中国家在全球治理中的代表性和发言权。② 同时，该目标主张通过各国通力合作，加强共商共建共享的原则，促进世界经济发展，提高自由互联的全球发展环境。该倡议有利于各国就发展问题相互协商，制订有利于彼此发展的计划。同时，该目标还呼吁发达国家与发展中国家合作，向发展中国家提供发展援助，其自身作为捐助方也会从中受益。鉴此，本文就可持续发展全球伙伴关系目标、落实这一目标的行动、全球发展合作的实例以及实现这一目标面临的挑战等分享一些见解，并提出成功建立全球发展伙伴关系可以采取的方法。

---

① 《习近平出席第七十六届联合国大会一般性辩论并发表重要讲话：提出全球发展倡议，强调携手应对全球性威胁和挑战，推动构建人类命运共同体》，《人民日报》2021年9月22日第1版。

② Renwick, N., *China as a development actor in South East Asia*（Evidence Report, No. 187），2016, IDS.

一 可持续发展全球伙伴关系目标的背景

2015年，习近平主席在出席第70届联合国大会一般性辩论时发表讲话，向世界阐述了全球发展伙伴关系是实现2030年可持续发展议程的重要支柱。习近平主席指出，世界必须构筑平等相待、互商互谅的伙伴关系。但是，要实现这样的目标，就必须实现主权平等。如果世界想要共同拥有一个可持续发展的未来，那么所有国家都必须参与创建和塑造这样一个未来。同样，每个国家都必须平等相待，发达国家不得欺凌、苛待和不适当地利用小国和发展中国家。任何国家都没有权利为了自身利益而牺牲他国利益，相反伙伴关系对双方来说是共赢的，每个国家都有权选择自己的社会经济发展道路。

要实现这一目标，世界需要推行多边主义，不能搞单边主义。然而，自2015年可持续发展目标启动以来，多边主义就面临着保护主义和不断增多的极端主义政治运动等多重挑战①，阻碍了全球合作的发展，威胁着世界经济和17个可持续发展目标的实现。同时，也有一些人认为，一方的收益必然意味着另一方的损失，要不就是一方包揽一切。大多数国家通过政府与人民或其利益相关者之间的广泛协商和合作建立了自己的民主形式。习近平主席在演讲中说："我们要在国际和区域层面建设全球伙伴关系，走出一条'对话而不对抗，结伴而不结盟'的国与国交往新路。

---

① Linn, J., "Recent threats to multilateralism", *Global Journal of Emerging Market Economies*, Vol. 9, No. 1-3, 2017, pp. 86-113.

大国之间相处，要不冲突、不对抗、相互尊重、合作共赢。大国与小国相处，要平等相待，践行正确义利观，义利相兼，义重于利。"① 因此，多边主义应成为实现当代国际治理的重要手段。

为了实现这一可持续发展目标，有必要建立公平正义、合作共赢的安全体系。当前，在经济全球化背景下，各国经济相互依存才得以维持稳定。② 任何国家都不可能在没有外部投入的情况下仅靠自己的力量实现绝对稳定。一个国家的经济如果受到严重破坏，将对双边关系中另一个国家产生相应影响。例如，当前俄乌战争影响了大多数国家尤其是亚洲和东欧国家，因为它们和俄罗斯或乌克兰有着双边关系③，这就证明了国家需要彼此来保持稳定。实现这一可持续发展目标的出发点是伙伴关系、合作和互谅，这对实现联合国峰会达成的其他可持续发展目标至关重要。例如，世界各国首先得认识到贫困是一个需要合作解决的问题，才谈得上解决这一问题。社会、政治和环境等全球性问题也是同样的道理。因此，在确保安全和公平的情况下，全球伙伴关系是一个可以实现的愿景。

可持续性是发展的根本，而包容性是全球发展的根本。单个的国家无法谈论全球发展，除非所有国家怀着实现必要变革的共同目标参与进来。包容性意味着任何国家都不会因为自身现状（如饱受战争之苦或贫穷）而处于不利地位或被排除在外。

---

① 《携手构建合作共赢新伙伴　同心打造人类命运共同体——在第七十届联合国大会一般性辩论时的讲话》，《人民日报》2015年9月29日第2版。

② Yeung, H. W. C., "Regional Development in the Global Economy: A Dynamic Perspective of Strategic Coupling in Global Production Networks", *Regional Science Policy & Practice*, Vol. 7, No. 1, 2015, pp. 1-23.

③ Ozili, P. K., "Global Economic Consequence of Russian Invasion of Ukraine", *SSRN Electronic Journal*, 2022.

相反，包容性是指所有国家都参与其中，因为每个国家都对全球发展做出了贡献。此外，多样性使各国对全球的贡献有所不同。正是这种多样性带来了交流，而交流又带来了融合，融合进而使得发展成为可能。

二 落实全球发展伙伴关系的回应与合作共赢

大多数国家都在采取行动落实全球发展伙伴关系，不计较自身得失，承认对方利益。为了实现可持续发展，世界各国正在主要领域开展合作，包括财政、技术、能力建设、贸易和制度问题等。这一目标要坚持以人民为中心，这就表明其出发点是人民，立足点是增进人民福祉。这一目标还要求发展为了人民、发展依靠人民、发展成果由人民共享。

就财政方面而言，发达国家继续以贷款的形式向发展中国家提供财政援助，以提高发展中国家对国内税收以及其他税收的征收能力。同时，这些发达国家正通过履行对发展中国家和最不发达国家的官方发展援助承诺，与发展中国家结成伙伴关系。此外，新冠疫情暴发后，发达国家和国际组织正在通过债务减免、融资和重组来帮助发展中国家保持债务的可持续性。疫情破坏了全球为发展所付出的努力，严重影响了2030年可持续发展议程。[①] 全球的重心从可持续发展议程转移到了抗击疫

[①] Ranjbari, M., Shams Esfandabadi, Z., Scagnelli, S. D., Siebers, P. O., & Quatraro, F., "Recovery Agenda for Sustainable Development Post COVID-19 at the Country Level: Developing a Fuzzy Action Priority Surface," *Environment, Development and Sustainability*, Vol. 23, No. 11, 2021.

情、研发疫苗和恢复生产上来。相较于疫情对经济的破坏性影响而言，之前在可持续发展议程中取得一点成绩（尤其是在发展中国家）显得微不足道。但是，这场疫情也缔造了新的全球伙伴关系和依存关系，这将对当下以及未来实现2030年可持续发展议程起到重要作用。

多年来，发达国家一直是发展中国家财政援助的重要来源。然而，其中一些援助并非基于互利共赢的伙伴关系。相反，这些援助伴随着苛刻的条件，使受援国感到非常痛苦，但其囿于自身弱势地位，不得不接受这些条件。最终结果是，贫穷国家的债务多年来不断累积，日渐沉重，因此容易受到操纵，甚至如同乞讨般接受援助。但是，在"全球发展倡议"中，受援国和捐助国是伙伴关系，双方都能从合作中受益。

要实现2030年可持续发展议程，技术是另外一个需要全球合作发展的领域。必须加强南北、南南和三方合作，使所有国家都能获得当前的技术和创新。另外，技术发达国家也在按双方约定的合理价格向发展中国家提供技术。相应地，发展中国家可以将这种技术应用到经济活动中，从而产生更多的收入，这也有利于促进合作伙伴之间的贸易发展，使双方受益。在为所有国家、人民和社区提供技术方面，公私伙伴关系也发挥着至关重要的作用。这种合作方式设立必要的实体基础设施，以便将技术引入落后地区和弱势群体，进而推动实现可持续发展目标所需的投资、包容和合作。但是，目前的问题是，哪些技术最适合加以利用，可以助力实现2030年可持续发展目标。这些技术的潜在影响，尤其是对环境和劳动力市场的影响，进一步加深了这一困境。①

2019年，联合国贸易和发展会议发文精选强调了50种技术，指出这些技术如果应用到全球，可以加快实现2030年可持续发展议程，它们包括成簇规律间隔短回文重复序列（CRISPR）、人工智能、区块链、无人机和物联网等。文章还强调，这50项基本技术中只开发了10项，其中包括低成本的智能手机、用于提高基本医疗水平的即时诊断设备，以及乡村电气化所需的低成本太阳能电池板。但是这些技术中，只有少数技术的应用达到了可以有效促进2030年可持续发展议程实现的程度。同时，文章也表明，到2030年，这50项基本技术中至少有40项将有望投入使用，尽管其中大多数技术的用户规模还是达不到实现可持续发展目标的水平。在这种情况下，有必要采取有助于推动科学研究、生产的全球性政策，并使所有人都能轻松使用该技术，以便立即应用于可持续发展，后者唯有通过全球凝心聚力才有望实现。

在加强有利于全球伙伴关系的多边主义方面，促进贸易将会推动贸易国家实现预期的发展目标，实现双赢。② 但是，各国绝不能被贪欲牵着鼻子走，只追逐利润或攫取最大的利益。相反，各国应当在世界贸易组织框架下，推进建立一个普遍、规范、开放、公平、非歧视的贸易制度。世界贸易整体上既包括

---

① ITU., "Digital Technologies to Achieve the UN SDGs", 2021, https://www.itu.int/en/mediacentre/backgrounders/Pages/icts-to-achieve-the-united-nations-sustainable-development-goals.aspx.

② Horner, R., "A New Economic Geography of Trade and Development? Governing South-South Trade, Value Chains and Production Networks", *Territory, Politics, Governance*, Vol. 4, No. 4, pp. 400–420.

占据大量贸易份额的主要贸易大国，也包括份额极小的小国。无论大型经济体在世界贸易中的参与程度如何，贡献最小的国家将永远落后于其总体发展效果。因此，为了在发展贸易中推行全球伙伴关系，可以通过增加出口、及时落实符合世界贸易组织的免关税和免配额市场准入等措施，增加发展中国家在世界贸易中的份额。

国际社会提高了对第三世界国家实施有效并有针对性的能力建设支持，这也是各国通过南北、南南和三方合作支持可持续发展议程、目标和计划的一种方式。根据经验，发展中国家正在合作研究学习模式和参与平台，以分享对当前问题的创新性、适应性和可持续解决方案。发展中国家已经认识到，有效的合作不仅仅是货币和技术援助，还导致了中低收入国家等群体的出现。为响应这一可持续发展目标，从事南南合作（SSC）工作的组织为有兴趣分享、体验和探索其优势领域进而改变自身受援国地位的发展中国家，在伙伴关系和合作方面作了一个良好的示范。这些国家之间的知识共享是对金融和技术援助的补充，已经成为南南合作的一个动态维度，在发展合作中占据了重要地位。此举推动形成了基于信任、公平、互利共赢和长期关系的横向伙伴关系，成为一种值得信赖的发展合作方式。2011年，南南合作工作组表示，这种新的合作方式并不局限于新兴参与国，还包括致力于通过参与三方合作或直接支持南南合作来提高其有效性的传统捐助国。

贸易中应关注系统性问题，如政策和制度一致性、多个利益攸关方的伙伴关系以及问责性和数据监测。政策必须得以适用，才能确保极少乃至没有国家违反发展伙伴关系。协调一致的政策将确保全球宏观经济稳定，同时每个国家都应尊重另一个国家在促进可持续发展方面的政策空间和行政管理。此外，应该存在一个自由空间，允许来自全球各地的专家分享知识、财政资源和专业技能，以支持可持续发展目标。这些专家将从他人对全球问题的洞见中学到更多知识，实现合作共赢。一个人如果不寻求帮助，就不可能找到解决所有问题的办法，国际舞台也是如此。面对正在遭遇的问题，一个国家可以从别国那里汲取经验，获得既有的解决方案。因此，建立一个专家、有时是公众就全球问题分享见解的平台，对实现2030年可持续发展目标至关重要。可持续发展目标以人民为中心，因此应鼓励公共、公私和民间社会的积极合作，促成丰硕的成果。

三 向中国和南南合作学习

（一）中国式合作共赢

在联合国继续推动落实2030年可持续发展议程的同时，中国政府致力于推动构建人类命运共同体。这一理念被写入中国共产党的十九大报告，报告指出："中国人民的梦想同各国人民的梦想息息相通，实现中国梦离不开和平的国际环境和稳定的国际秩序。必须统筹国内国际两个大局，始终不渝走和平发展道路、奉行互利共赢的开放战略，坚持正确义利观，树立共同、综合、合作、可持续的新安全观，谋求开放创新、包容互惠的发展前景，促进和而不同、兼收并蓄的文明交流，构筑尊崇自然、绿色发展的生态体系，始终做世界和平的建设者、全球发展的贡献者、国际秩序的维护者。"①

当时，中国已经建立起以联合国为核心、南北合作为主渠道、南南合作为补充的合作格局。习近平主席在联合国峰会上将这一理念带到国际论坛，坚持发挥全球伙伴关系在推动实现2030年可持续发展议程中的作用。只有各国在共同发展目标的指引下，确立公平、开放、综合的发展方式，世界才能实现上述目标。为此，中国设立200亿元人民币的中国气候变化南南合作基金，并启动"十百千"项目在发展中国家开展10个低碳示范区、100个减缓和适应气候变化项目以及1000个应对气候变化培训名额的合作项目。

中国政府推动全球发展、促进合作共赢的最新举措是广受欢迎的"一带一路"倡议（BRI）。该倡议旨在以发展基础设施为支柱，推动经济增长。② 虽然"一带一路"倡议的提出早于2030年可持续发展议程，但2019年在北京举行的第二届"一带一路"国际合作高峰论坛着重强调，将"一带一路"目标纳入2030年可持续发展目标。此次论场也明确表示"一带一路"倡议可以为全球社会经济和环境目标提供重大机遇，并有助于扫除资金不足、制度不完善和伙伴关系不佳等阻碍2030年可持续发展议程的障碍。联合国、各个国家以及其他国际组织都认识到，"一带一路"倡议对落实可持续发展目标大有裨益。2017年5月，联合国秘书长古特雷斯表示，可持续发展目标与"一带一路"倡议有着共同的发展使命和愿景，那就是"都致力于

---

① 习近平：《决胜全面建成小康社会　夺取新时代中国特色社会主义伟大胜利》，《人民日报》2017年10月28日。
② Sen, G., Leach, M., & Gu, J., "The Belt and Road Initiative and the SDGs: Towards Equitable, Sustainable Development", Vol. 50, No. 4, 2019.

创造机会，打造全球的公共产品，推动合作共赢；都致力于深化国家和地区之间在基础设施、贸易、金融、政策方面的'互联互通'，以及或许是最重要的一点，促进各国之间的民心相通"。他还表示"一带一路"倡议"潜力巨大"，并将"可持续发展列为总体目标"。①

尽管"一带一路"倡议受到美国、印度、英国、法国和日本等国的批评，②但其已被发展中国家尤其是非洲国家广泛接受。"一带一路"倡议旨在建立连接各地区经济体的基础设施网络，畅通基本商品的流通渠道，开辟新的发展领域，促进贸易发展。"一带一路"倡议与17个可持续发展目标的关系是：要成功落实"一带一路"，就必须建立伙伴关系，实现合作共赢。中国政府受益于"一带一路"目标的实现，其合作伙伴通过"一带一路"项目获得更大的经济增长机遇。2015年以来，中国在非洲的大部分项目都划归"一带一路"倡议项下，使得非洲成为赞同"一带一路"能够助力实现2030年议程的重要合作伙伴。中国在肯尼亚和南非等国的项目已经使这些国家在实现可持续发展的道路上更进一步。

在建立全球发展伙伴关系、实现合作共赢方面，中国付出了巨大努力，是众多国家的表率之一，世界都应该向中国学习，拥抱伙伴关系，实现可持续发展目标。同样，通常是受援国的南南国家也已表现出合作和实现可持续发展目标的意愿。

---

① Hillman, J., Sacks, D., Lew, J. J., & Roughead, G., *China's Belt and Road: Implications for the United States*, New York: Council on Foreign Relations, 2021.

② Ohashi, H., "The Belt and Road Initiative (BRI) in the Context of China's Opening-up Policy", *Journal of Contemporary East Asia Studies*, Vol. 7, No. 2, 2018, pp. 85 – 103.

(二) 南南合作的进展与成果

2015 年，在纽约举办的第七十届联合国大会深入讨论了全球发展问题，从此以后，南南合作在很大程度上推动了可持续发展目标落实过程的制度化，绝大多数发展中国家都针对可持续发展目标制定了政策战略和发展计划。此外，联合国和其他国际组织一直重视南南合作，以监测、协助和落实其实现 2030 年议程的进展。例如，2017 年，联合国人口基金成立了一个国家间合作办事处来处理南南合作问题，并将这些问题纳入其战略计划。[1] 同时，南南合作部长级会议最近已成为就发展问题开展对话和交流经验的重要平台。当前，国际参与者参加辩论、共同协商、信息共享，从而形成相互依存的伙伴关系，加速实现可持续发展目标。

能力建设和人类发展是南南合作的重要形式。中国、印度、南非和埃及等发展中国家做出了重要表率，在帮助其他发展中国家开展短期和长期培训项目方面取得了重大进展。[2] 这些培训通常关注一般人群和可持续发展、妇女和儿童健康以及生殖健康。南南合作提高了国家知识水平和规划能力，推广了人口和卫生保健方面的良好做法。近年来，联合国开发计划署、联合国南南合作办公室和联合国人口基金等组织通过与发展中国家的合作实现了共赢。中非人口和发展会议等国际会议为实现合

---

[1] Haug, S., *Mainstreaming South-South and Triangular Cooperation: Work in Progress at the United Nations* (No. 15/2021), 2021, Discussion Paper.

[2] Hu, H., "South-South Cooperation in Population and Development: Current Progress and Future Perspectives", *China Population and Development Studies*, Vol. 3, No. 3, 2020, pp. 282–292.

作共赢，推动了关键伙伴关系的发展。

南南合作在技术转让和贸易方面取得了重大进展，特别是在生殖健康领域。中国政府为发展中国家的卫生和医疗设备发展做出了巨大贡献。此外，中国人口与发展研究中心还与联合国人口司合作，开发了一个名为 PADIS-INT 的网络平台，并向发展中国家免费开放。同样，印度政府拨款约 120 万美元，在孟加拉国农村地区建设了 36 家诊所。

中国一直是南南合作最重要的执行者和合作伙伴。继 2015 年联合国峰会讨论的可持续发展目标全球伙伴关系之后，为推动和协调南南合作，中国于 2016 年成立了南南合作与发展学院（ISSCAD），2017 年设立了南南合作援助基金（SSCAF），2018 年组建了国家国际发展合作署（CIDCA）。① 自 2015 年联合国可持续发展峰会和 2021 年第七十六届联合国大会以来，中国一直在主办与发展中国家和南南合作相关的重要会议，旨在建立伙伴关系，以实现可持续发展目标。中国目前在发展中国家开展的项目培训了数百名政策制定者、项目经理和服务提供商。2016—2017 年，中国政府签署了多份人口方面南南合作的谅解备忘录，承诺向塞拉利昂、加纳、佛得角、埃塞俄比亚、马拉维、津巴布韦、尼泊尔和柬埔寨等发展中国家提供超过 200 万美元的资金。其中，最新的项目于 2019—2020 年在孟加拉、塞拉利昂和津巴布韦实施，旨在改善当地公共卫生。②

---

① Liu, H., "China Engages the Global South: From Bandung to the Belt and Road Initiative", *Global Policy*, Vol. 13, 2022, pp. 11-22.

② Hu, H., "South-South Cooperation in Population and Development: Current Progress and Future Perspectives", *China Population and Development Studies*, Vol. 3, No. 3, 2020, pp. 282-292.

我们认为，为了成功实现这一可持续发展目标，需要采取五项举措。第一，需要建立公共的分享平台，整合为服务于共同目的不同合作形式。这些平台可以是国家层面的、可持续发展目标层面的，或者围绕某一特定目标的。但是，如果该平台更具包容性，并接受发展援助委员会的合作，那么它更有可能取得成功。第二，应当找到一种共同语言，因为更好地了解其他合作形式对于就成员国取得的进展达成共识至关重要。第三，需要构建更深入的知识分享平台（卓越中心）。随着全球继续实施可持续发展目标，不可避免地将会出现更多的合作机会、促增长的措施以及复杂的挑战。因此，需要设立一个各国可以互相学习的平台。例如，中国、土耳其和印度都在阿富汗发挥着重要作用。尽管三国观点有差异，战略上存在分歧，但其仍然努力支持着国家服务部门和机构。通过联合国这一中立方进行知识交流，能够超越三国之间的分歧，使其成为阿富汗更好的合作伙伴。第四，要将其他平台也纳入联合国的主流工作。目前，联合国南南合作办公室等组织是南南合作的监督者。同样，联合国在政治、经济、社会和环境领域也设有监管机构。如果世界想要实现可持续发展目标，就必须超越"一切照旧"的想法。因此，可持续发展目标的参与者应该允许此类机构来监督和适当监测从互利合作中获得的利益等问题。第五，强有力的政治承诺将催生更积极的发展项目，亦即更有效的宣传是促进发展地方和全球伙伴关系的关键。

四 实现全球发展伙伴关系与合作共赢所面临的挑战

世界各国和联合国成员国积极寻求全球发展伙伴关系，但也面临着一些既有问题和新的障碍。就实现2030年可持续发展目标而言，政治和经济不平等是发展伙伴关系面临的最大障碍。政治不平等是指群体之间在政治机会和权力分配上的差异。[①] 政治不平等也涉及公民的政治参与、权利和法治上的不平等性。如前所述，"全球发展倡议"坚持以人民为中心。因此，任何阻碍人民对全球伙伴关系做出贡献的障碍都有可能破坏可持续发展目标。近年来，民主程度大幅下降，主要原因在于过时的政党制度、普通人与精英之间的差距越来越大，以及欧美民粹主义政党的崛起，尤以欧洲和北美为甚。事实上，在目前的示威活动中，抗议者对于实现真正民主的呼声越来越高。

相较于政治体制与经济目标不同的国家而言，政治体制和/或经济水平相同的国家更容易建立合作。令人遗憾的是，当前全球的实际情况是合作非常困难，尤其是双边合作。因此，要让这些国家合作，必须形成多边伙伴关系，但情况往往并非如此。同时，也有人担心，其他国家的倡议，特别是西方大国和东方大国之间的合作倡议，总是带有隐藏的目的，这不利于全球发展伙伴关系。尽管伙伴关系从经济角度来说是双赢的，但

---

① Pedrajas, M. and S. Choritz, "Getting to the Last Mile in Least Developed Countries", United Nations Development Programme and United Nations Capital Development Fund, 2016, www.undp.org/content/undp/en/home/librarypage/sustainable-development-goals/gettingto-the-last-mile-in-least-developed-countries.html.

一方总是比另一方受益更多，这可能会使双方的经济目标发生冲突。这种趋势不利于推动落实2030年可持续发展议程。此外，尽管国际发展机构和个别国家已同意建立伙伴关系，共同实施2030年可持续发展议程，但却很少是以人民为中心的。这种合作只是特定的利益攸关方和掌权者之间的磋商，不见得反映人民的心声。

五 共同推进全球发展伙伴关系的途径

联合国在实现2030年可持续发展议程方面提出了实施方法和指导方针，这将有助于实现2030年议程。因此，许多国家和地区得以达成伙伴关系，在实现可持续发展目标方面取得了重大进展。但是，国际发展伙伴关系和合作所面临的问题也对联合国的方法提出了挑战，这使我们能吸取教训，适时调整并做出进一步规划。因此，除了联合国关于实现第17项可持续发展目标即"全球伙伴关系"的建议外，还可以进一步采取如下措施来共同推进该议程。

一是加强规划和制度建设。全球发展伙伴关系的参与者应就外国援助和目标伙伴制订短期和长期发展计划。这些发展规划应包括完善相关法律法规、制度和法律保障，以便顺利推动伙伴关系。发展伙伴关系的制度化，除了考虑到具有约束力的共同目标，还应确保合作伙伴之间的适当监督和相互尊重，以最终实现双边受益。要通过合作伙伴之间的协调监督，提高伙伴关系的效率。

二是寻求与发展中国家合作的发达国家应采取新的援助方

法。发达国家应通过可行性研究、环境分析和评估项目建成后的运营和管理评价,来管理援助项目。例如,发展项目的合作应促进当地就业和技术支持,以提高受援国的可持续发展能力,从而使受援国获得超出财政支持之外的益处。各国应当根据具体的需求和背景来主导制定发展干预措施,但这种需求必须是相互的,是对其他合作伙伴需求的补充。

三是更加深入理解人口与可持续发展之间的密切关系,进一步倡导对于一般人群和发展方面的伙伴关系作出更多政治承诺。要制定并加强一个全面、整体的框架,以全面监测发展资金的整体流向,这对于确保所有资源集中用于实现可持续发展目标至关重要。这样的框架可以在国家和国际两个层面,推动建立多利益攸关方的伙伴关系和相互合作。各国之间以及发展伙伴之间应当进行开放对话,以消除全球发展合作障碍,帮助于制定更好的风险管理新方式,巩固互信和问责性。还应适时举办知识分享会议,让全球发展伙伴同步获知诸如应对发展挑战的创新解决方案等伙伴关系相关信息。

六 结论

2030年可持续发展议程是联合国确保全球可持续发展的一项重要成果。要加速实现可持续发展这一愿景,就需要构筑全球伙伴关系,这一点至关重要。世界上许多国家已经意识到,需要开展双边或者区域合作,以促进全球发展。这种伙伴关系的特点是合作伙伴之间的互利共赢。尽管各种不同的新老问题威胁着全球伙伴关系的成功,但各国已经学习并建立了知识共享平台，以讨论并找到解决方案，从而使可持续发展目标保持生机。世界各国必须继续支持和践行全球发展伙伴关系和合作共赢，以便落实2030年可持续发展议程。

译者：

郝立英
　　　河北科技大学副教授
向　娜
　　　北京中外翻译咨询有限公司副译审